Para:

Com votos de muita paz!

___/___/___

A REFORMA ÍNTIMA COMEÇA ANTES DO BERÇO
Copyright© C. E. Dr. Bezerra de Menezes

Editor: *Miguel de Jesus Sardano*
Supervisor editorial: *Tiago Minoru Kamei*
Revisão: *Rosemarie Giudilli Cordioli*
Diagramação: *Décio Lopes*
Capa: *Thamara Fraga*
Impressão: *Lis Gráfica e Editora Ltda*

2ª edição - fevereiro de 2012 - 3.000 exemplares
2ª impressão - junho de 2014 - 3.000 exemplares
Impresso no Brasil | Printed in Brazil

Dados Internacionais de Catalogação na Publicação (CIP)
(Câmara Brasileira do Livro, SP, Brasil)

Canhoto, Américo Marques
A Reforma Íntima Começa Antes do Berço / Américo Marques Canhoto | 2. edição | Santo André, SP | EBM Editora, 2012.

ISBN: 978-85-64118-15-7

1. Educação de crianças 2. Espiritismo – Filosofia 3. Evangelização I. Título.

12-00884   CDD–133.901

Índices para Catálogo Sistemático

1. Reforma íntima infantil: Evangelização de crianças: Doutrina espírita   133.901

EBM EDITORA
Rua Silveiras, 17 – Vila Guiomar – Santo André – SP
CEP 09071-100 | Tel. 11 3186-9766
ebm@ebmeditora.com.br | www.ebmeditora.com.br

Américo Marques Canhoto

A REFORMA ÍNTIMA COMEÇA ANTES DO BERÇO

A educação do ser humano além da instrução.

Sumário

Apresentação 9
Agradecimentos 13

Primeira Parte 15
Capítulo 1 – A Educação dos Pais 17
    Quem Somos Nós e o que Fazemos Aqui 18
    Laços de Família 20
    A Importância de Recordar e de Reavaliar Alguns Conceitos Espíritas 26
    A Verdade Sobre a Hereditariedade 31
    Responsabilidade da Educação 34
    Planejamento Familiar do Espírita 35

Segunda Parte 39
Capítulo 2 – Educação Compartilhada – A Necessária Adequação do Adulto 41
    O Que Fazer Frente aos Problemas? 43
    O Estudo das Leis Básicas da Vida Humana 44
    As Regras da Casa 46
    A Compreensão dos Limites 47
    Evitar Críticas 48
    Valorizar as Qualidades do Outro 48
    Pedagogia Natural 49
    Desenvolver o Hábito de Anotar 51
    Programar Mudanças 53

    Desenvolver a Transparência 58
    Respeitar o Outro 59
    Prática do Evangelho no Lar 60

Terceira Parte *63*
Capítulo 3 – O Estudo da Criança *65*
    Estudo da Interação Mãe/Filho na Gestação 66
    Impulsos 70
    Tendências 72
    Compulsões 77
    Quem a Criança Adotou como Modelo? 78
    Afinidades e Antipatias 80
    As Identificações da Criança 81

Quarta Parte *83*
Capítulo 4 – A Prática *85*
    Como Engajar a Criança na Reforma Íntima 85
    Maneiras de Compartilhar 87
    Instruir Evangelizando 89
    Recursos Pedagógicos Passivos e Ativos 90

Quinta Parte *103*
Capítulo 5 – Exemplos de Situações Comuns *105*
    Crianças da Geração Nova 113
    Estresse Crônico – A Criança em Perigo 114
    Escolarização Precoce 115
    Relação Obsessiva 118
    Mediunidade na Infância 119

Conclusão *121*
Agradecimento Final *125*
Referência Bibliográfica *127*

Apresentação

Muito se fala em reforma íntima no meio Espírita, e foi criado um paradigma: quem precisa e deve proceder a uma reforma íntima é o adulto (caso já tenha se conscientizado dessa necessidade); a criança ainda não tem o que possa ser reformado e precisa apenas ser Evangelizada. No entanto, percebemos que há muito tempo esse sistema descontínuo deixou de funcionar a contento; pois mesmo os espíritas de berço e superdoutrinados não estão se saindo muito bem nas coisas da vida. O número deles que se encontra às voltas com a depressão, a angústia existencial, o estresse, o pânico e outras doenças, que têm como pano de fundo a pobreza ética e a falta de fé nas leis que regem a vida, não difere muito dos outros sistemas de crenças. Boa parte não está se saindo tão bem quanto seria de se esperar para uma pessoa Evangelizada segundo princípios doutrinários tão claros e simples. Esse fato sinaliza que alguma coisa deve ser mudada. Com certeza a falha que está atrapalhando o desempenho evolutivo não se encontra no conteúdo da Doutrina, mas na metodologia de ensino e na sua forma de aplicação prática.

A criança deve ser Evangelizada isso ninguém discute, mas alguns questionamentos são necessários: Onde? Quando? Durante quanto tempo? De que forma? Quem é o Evangelizador? O que se espera? Como podem ser medidos os resultados? Antes ou depois da desencarnação?

Que ninguém se melindre ou imagine que esteja fazendo tudo errado, apenas os questionamentos são necessários, pois nada na vida do homem está pronto. Mesmo o Evangelho é um alicerce, uma base para nossas vidas, mas a cada dia novas descobertas e novos detalhes científicos devem ser a Ele acrescentados. Os resultados que se obtêm na Evangelização das crianças, segundo a Doutrina dos Espíritos, são marcantes, mais práticos e funcionais, disso ninguém discorda; mesmo assim, muito pouco do potencial educativo disponível no Evangelho é bem aproveitado no dia a dia.

Muitos ainda são os fatores que atrapalham a criança educada no meio espírita a aplicar a doutrina de forma simples e metódica. Um deles: como todas as outras, a criança que cresce em um lar espírita absorve parte da visão de mundo dos adultos e incorpora ao seu padrão subconsciente algumas formas arcaicas de interpretação da Doutrina, do tipo: os frutos da prática das diretrizes do Evangelho são para serem saboreados depois da morte; algo como: ser socorrido e passar a viver em uma colônia espiritual com seus afins. Que a vida terrena é cheia de sofrimentos, dores e aflições para provar o espírito e para expiações. Esse tipo de engano deve ser corrigido, pois a criança passa a pensar que deve sofrer para aprender, quando não é preciso, e de forma subconsciente até passa a inventar sofrimentos inúteis.

Aprender por meio do sofrimento indica falta de capacidade de discernir, pois se pode aprender pela prática da reforma íntima e do desenvolvimento da capacidade de fazer a caridade, perdoar e amar com prazer e alegria sem maiores dores.

A transformação voluntária sistemática é necessária para ser usada com a finalidade de melhorar a qualidade de vida neste exato momento, nem antes nem depois. Ela é capaz de propiciar a capacidade de encarar situações aflitivas como oportunidades de crescimento para o espírito. Tudo deve ser muito prático e simples. Às vezes, basta mudar o rótulo – de problema para lição – que o desempenho melhora, e muito.

A responsabilidade maior na educação e na reforma íntima infantil é da família. Cabe a ela provar que mudar a personalidade pela vontade e esforço é uma atitude mais inteligente do que mudar apenas para fugir do sofrimento. A criança também deve compreender que quando melhoramos a nós próprios praticamos a caridade para com os outros, pois os laços que nos unem na vida em família, de um jeito ou de outro, fazem com que o problema de um se transforme no problema de vários ou de todos.

Portanto, vale a pena investir na educação íntima das crianças, pois o rescaldo dessa atitude sobra para a vida de todos os que compõem a família e, se melhora para um, melhora para todos.

A ideia central do livro é conduzir a transformação íntima em um processo sequencial desde a vida uterina. Tarefa simples e fácil de ser aplicada que exige de cada um apenas o que já tem: capacidade de observar, raciocinar, boa vontade e determinação para pôr em prática.

O ganho em qualidade de vida que se pode proporcionar à criança, à família, e à sociedade segundo esse método, é muito compensador.

Mas:

Não se pode modificar aquilo que se desconhece...

Mesmo entre espíritas antigos, quando recebemos um filho ou um neto para encaminhar para a vida como um homem de bem, esquecemos que está chegando nessa dimensão um espírito tão antigo quanto o nosso, tão problemático e endividado junto à justiça natural quanto nós. De forma distraída focamos apenas a identidade que o espírito assumiu desta vez e nos esquecemos de auscultar a sua natureza íntima.

A mudança no título para esta nova edição: *A REFORMA ÍNTIMA COMEÇA ANTES DO BERÇO* tem uma razão especial: as crianças da Geração Nova estão chegando a número cada vez maior – muitas já estão aptas a ler pensamentos – desse modo, a família deve começar a dialogar com esses espíritos que chegam antes do nascimento.

A verdadeira educação é aquela que visa educar o espírito.

O autor.

Agradecimentos

Nossa mente é tal e qual a nascente de um rio. De repente, brotam ideias aos borbotões. Elas não são nossa criação, apenas brotam de nós, se o permitimos. Somos bilhões de nascentes do grande rio da vida humana.

Esperamos que este livro torne-se uma que possa ajudar a saciar a sede de conhecimento dos que buscam explicações para descobrir quem somos e o que fazemos aqui.

Incontáveis são as gotas que ajudaram e ajudam a formá-la, não caberiam no papel, portanto citaremos apenas algumas: Palmira e Joaquim, duas gotas muito especiais. Maria Cristina, Tiago, Mateus, Lucas e Marcos, cinco gotas muito importantes com as quais divido os momentos desta minha existência. Dona Maria José, minha primeira professora, que me despertou a paixão pela leitura para sempre. Os amigos de ontem e de hoje, em especial, o Norival e o Ruy.

Aos amigos de longas Eras, Dr. Eduardo Monteiro, Irmão José e outros companheiros afins que não me deram a conhecer seus nomes.

Eterna gratidão às fontes que me saciaram a sede de conhecimento: André Luiz, Emmanuel, Joanna de Ângelis, Manuel Philomeno de Miranda, Vinícius, Miramez...

A todos um forte abraço e um grande beijo.

Américo Marques Canhoto

Primeira Parte

Capítulo 1

A Educação dos Pais

Não adianta muito conhecer toda a pureza e a justiça das leis que compõem o Evangelho e a Codificação quando a prática desmente a teoria. Os adultos, mesmo os mais "evangelizados", fazem questão de não aplicar os conhecimentos evangélicos no dia a dia, e um dos artifícios usados é torná-los eruditos e sofisticados.

Para tentar mudar o padrão de atitudes cotidianas de cada um e de todos na vida em família, o primeiro passo é relembrar alguns desses conceitos de forma muito simples, clara e prática para afastar toda e qualquer justificativa ou desculpa esfarrapada: "é difícil", "não consigo", "é lento"; substituindo-a pela verdade: "ainda não quero", "não desejo mudar e assumo as consequências disso", sem reclamos posteriores.

Nosso espírito já está cansado de ouvir século após século as leis da vida. No entanto, como água mole em pedra dura..., é preciso estar sempre relembrando as leis da vida para aplicar em nós próprios a fim de progredirmos de forma simples e eficiente e poder compartilhar com os outros.

O principal conceito do livro é: ***Compartilhar a reforma íntima com a criança.***

O adulto vai dividir e executar com ela a sua própria reforma íntima. Pais e filhos vão tentar juntos aplicar o Evangelho nas pequenas e constantes atitudes que se repetem no dia a dia.

Antes de começar o treinamento vamos recordar:

- Quem somos nós e o que fazemos aqui
- Laços de família
- A importância de recordar e de reavaliar alguns conceitos espíritas
- A verdade sobre a hereditariedade
- Responsabilidade da educação
- Planejamento familiar do espírita

Quem Somos Nós e o que Fazemos Aqui

Tanto faz que estejamos encarnados ou desencarnados, somos espíritos em evolução; não esquecer isso é uma condição básica para quem deseja progredir com menos sofrer.

Nosso começo e fim se perdem no tempo e no espaço da nossa capacidade de compreender. Divagar acerca de como tudo começou e vai terminar é necessário e interessante; embora nos dias contemporâneos seja preciso que sejamos cada vez mais simples e práticos para sermos eficientes, alegres e mais felizes.

O que interessa mesmo é saber quem somos hoje como espíritos. Não apenas onde e quando nós nascemos, a que família nós pertencemos, endereço, profissão, religião, CIC e RG. Conhecer a nós próprios, devassar nossa intimidade é o primeiro passo quando se deseja reformar o estilo de viver, adquirindo mais qualidade espiritual.

Espíritos que somos, cada um de nós, é uma construção milenar erguida pensamento a pensamento, sentimento a sentimento, atitude a atitude. Fomos, continuamos a ser e seremos sempre e eternamente os responsáveis pela escolha do terreno em que vamos assentar nosso edifício espiritual (como disse o Mestre – pode ser na rocha das verdades de Deus ou na areia das ilusões humanas).

A verdade é que não temos escolha senão progredir e fazer o bem. Quem aceitar esse presente Divino de bom grado será alegre e feliz. Já que nada vai apagar as escolhas do passado, não adianta resmungar, chorar, perder tempo com pedidos de desculpas. Nossa única opção é reconstruir no presente o passado. Apenas nesse ponto é que temos variadas opções, e dentre elas: com sofrer ou com alegria.

Se hoje nos desgosta nossa aparência, provas e expiações, se já erramos na escolha do terreno, não interessa, nem importa, o que é preciso e possível neste momento é reforçar os alicerces com estudo, amor, paciência e resignação através dos séculos.

Mesmo que os Engenheiros Siderais tenham nos oferecido a planta mais simples e funcional, e que o Planeta nos empreste todo o material necessário, nós é que determinamos com que tipo de material nós vamos erguer a construção de nós próprios, qual o cronograma a ser respeitado, quais os recursos de que dispomos, e quem serão os que participarão conosco dessa empreitada. Importa que não haja culpa nem remorso a nos atrapalhar o trabalho, isso só atravanca nossas vidas, basta apenas planejar a melhor forma e arregaçar as mangas.

Embora nossa humanização seja um trabalho coletivo, deve estar claro a todos que um não pode construir a casa íntima do outro. É possível e permitido influenciar, dar palpites, ajudar, atrapalhar, emprestar recursos. No entanto, toda vez que o fazemos, assumimos com o outro um compromisso que terá de ser resgatado dia menos dia, século menos século, caso não tenha sido adequado.

A criança deve saber desde muito cedo que é um espírito muito antigo que já andou nesta dimensão da vida muitas e muitas vezes (segundo um repórter espiritual muito confiável: André Luíz que assevera que já andamos nesta dimensão há mais de quarenta mil anos), e que igual a todas as pessoas ela fez tudo a que tinha direito dentre erros e acertos; da mesma forma fará todas as reparações que se fizerem necessárias.

Reparar os enganos cometidos no passado não quer dizer sofrer. Pode muito bem representar uma forma de sentir alegria e prazer.

É preciso ajudar a criança a encarar a vida dessa forma simples e prática.

Laços de Família

A criança precisa saber que fazemos parte da grande família humana. Que somos todos irmãos e filhos de um mesmo

Pai. E que, até que possamos entender com a necessária clareza essa verdade progredimos em grupos ou famílias que se misturam umas às outras, em contínuo aprendizado para nos integrarmos a todos e ao Todo, através da lei do amor. Os adultos precisam tentar exemplificar para a criança essas verdades nas pequenas coisas do dia a dia. Procurando respeitar e cuidar da natureza. Tratar todos os outros seres humanos como irmãos e não como adversários, na medida em que cada situação de vida permita.

A criança sempre vai questionar e nos encher de porquês, nenhum deles deve ficar sem resposta simples, clara e lógica.

É necessário que nos capacitemos a explicar de forma simples como se formam as famílias, os seus vários tipos, objetivos. E o que fazer para melhorar a qualidade da vida em família.

Como se formam as famílias:

Desde o princípio da evolução, sempre que influenciamos a vida das outras pessoas, criamos mecanismos de sintonia que nos aproximam uns dos outros, formando grupos familiares.

Sempre que interferimos na vida de alguém, imantamo-nos a essa pessoa como se fôssemos planetas a orbitar uns em torno de outros.

Tipos de família:

Em princípio podemos dizer que há dois tipos de laços de família: aquelas que se constituem segundo laços espirituais e aquelas que se constituem segundo laços corporais. Para quem já compreende que somos seres muito antigos e que neste momento somos espíritos encarnados com tarefas íntimas e coletivas, específicas, fica fácil entender que uma parcela da nossa família espiritual se encontra nas outras dimensões da vida e outra parte se encontra aqui mesmo nesta.

Quem é nossa família espiritual?

São espíritos com os quais já desenvolvemos afinidades e com quem já aprendemos as leis do amor executando tarefas em comum.

Os componentes de nossa família espiritual podem estar localizados em todas as possíveis dimensões da vida. Alguns podem estar aqui mesmo ao nosso lado, como familiares, colegas, parentes, pessoas com as quais nos sentimos bem; os adversários ainda não fazem parte. Outros podem se encontrar, no momento, na Erraticidade: nas trevas, nos umbrais, em colônias espirituais próximas da crosta ou em outras dimensões mais elevadas.

Como nos comunicamos com eles?

Quem dita a sintonia de relacionamento mais próximo é o nosso padrão vibratório. Alguns desses familiares se incumbiram de nos conduzir nesta existência e são denominados: espíritos guias, mentores pessoais ou do grupo familiar. São os avalistas de nossa existência, aqueles que estão dispostos a nos auxiliar o tempo todo desde que permitamos.

De que forma eles podem interferir em nossas vidas?

Embora eles possam mexer no curso dos acontecimentos da nossa existência apenas o fazem quando isso é bom para a nossa evolução espiritual e possível, pois a vida não comporta nenhum tipo de protecionismo, portanto, nosso livre-arbítrio nunca é violado. Eles nunca escolhem por nós, apenas somos intuídos a fazer as melhores escolhas e as fazemos se for da nossa vontade. Parece gozação, mas a maior parte das vezes nós recusamos a ajuda deles, buscando outro tipo de ajuda e de influência capaz de satisfazer nossos desejos mais imediatos.

Os componentes de nossa família espiritual desencarnados podem ajudar na educação das crianças?

Em todas as situações da vida eles podem interferir visando ao nosso adiantamento moral. O interesse na evolução de cada espírito que compõe a família é total. Seria importante que os pais mantivessem um padrão vibratório capaz de permitir que cada intuição por eles enviada fosse aplicada na vida em família.

E de que forma podemos recusar a ajuda deles?

Simplesmente mantendo uma ligação com outro tipo de espíritos cujos interesses são o de nos retardar, ou quando estamos enclausurados na auto-obsessão. Uma coisa deve ficar muito clara: nunca estamos abandonados. Eles nunca desistem de nos ajudar. Jamais.

Ajudar não é fazer nossos desejos:

Nossa maturidade psicológica, nosso senso de responsabilidade e de dever ainda não é lá essas coisas. Então, muitas vezes pedimos um tipo de ajuda que na verdade seria nossa perdição, de novo. Desse modo nossos amigos espirituais estão muito mais capacitados a decidir o que é o melhor para nós. No entanto, a paciência deles também tem limites, e algumas vezes insistimos tanto, perturbamos tanto com nosso petitório que antevendo os resultados, e analisando que apenas faremos uma pausa na experiência sofrida, satisfazem a nossa vontade do momento e ajudam a materializar nossos pedidos; mesmo sabendo que vamos nos atrapalhar; nada que não possa ser resolvido mais à frente, e eles sabem muito bem disso. Podemos chamar isso de suaves e amorosos puxões de orelha.

Todas as pessoas que fazem parte de nossa família corporal atual são integrantes da nossa família espiritual?

Não necessariamente neste momento, mas com certeza, serão no futuro próximo ou remoto, pois a família corporal é uma das mais importantes oficinas de amor onde se aprende a perdoar e a amar, e onde se formam e estreitam os laços espirituais presentes e futuros.

Como se enquadram os filhos adotivos nas famílias?

A adoção pode fazer parte de um programa de vida dos envolvidos antes do retorno, ou apenas uma oportunidade de momento que algumas pessoas agarram sem titubear. Filhos adotivos podem ser espíritos afins tão ou até mais amados do que os filhos consanguíneos.

Quais os critérios para determinar o padrão de qualidade da vida em família?

A maneira mais simples de qualificarmos as relações entre as pessoas é por meio das sensações. Se nos sentimos bem alegres e felizes ao lado das pessoas o padrão de qualidade da relação é bom. Ao contrário, se nos sentimos tristes e infelizes o padrão de qualidade ainda não é lá essas coisas.

A maturidade do espírito é que vai determinar os parâmetros de julgamento. Exemplo: eu sou uma pessoa imatura e egoísta e quando os outros não fazem as minhas vontades e desejos, por mais absurdos que eles sejam, eu os julgo como não amorosos comigo ou maus e detestarei ficar ao lado deles, mesmo que seja por momentos.

A soma da condição de maturidade psicológica de cada um do grupo é que vai determinar a evolução da forma de avaliar a qualidade da relação familiar. A reforma íntima de cada um e do grupo vai modificando passo a passo os critérios. A mesma situação pode ser sentida e percebida de forma bem diferente; o que para alguns ainda é sofrer, é um problema, para outro já é uma abençoada oportunidade de crescimento espiritual.

Voltaremos junto com os mesmos na próxima existência?

Com alguns sim e com outros não. Depende sempre de se avaliar o programa de vida de cada um e os possíveis pontos comuns. Às vezes, há compromissos mais urgentes a resgatar com outros e ocorre uma distribuição do grupo um pouco diferente da atual. É possível até que alguns já estejam capacitados a ficar na retaguarda no plano espiritual funcionando como espíritos guias.

A preocupação excessiva de permanecer junto a alguns indica um sentimento de posse ou de insegurança. Isso desaparece com o avanço da fé raciocinada nas leis da vida e da soberania emocional que se consiga desenvolver.

Nos que formam nossa família há aqueles que são mais importantes no momento?

Claro. As pessoas de nossa família que merecem mais investimento de nossa parte, seja em tempo e dedicação, em entendimento e carinho, são os que nos apresentam mais dificuldades em lidar. São as pedrinhas no nosso sapato. Palavras do Mestre: *Aproveita e reconcilia-te com teu inimigo enquanto estás a caminho com ele...* A aproximação com eles deve ser feita de forma planejada, passo a passo e os gestos de carinho sempre devem vir antes das palavras.

A Importância de Recordar e de Reavaliar Alguns Conceitos Espíritas

Frequentadores de casas espíritas e mesmo todas as outras pessoas adoram esquecer, a maior parte do tempo, as leis mais básicas da vida.

Para que nos preparemos para compartilhar nossa reforma íntima com as crianças, vamos relembrar algumas:

Somos espíritos em evolução:

Em cada existência nosso espírito recebe um nome e sobrenome com o qual vai ser conhecido e reconhecido tanto pelo que fez quanto pelo que deixou de fazer. Esquecer essa lei máxima da vida, a que o espírito precede o corpo e tem primazia sobre ele, é o maior dos entraves, a causa máxima de nossos problemas humanos. Se em todas as nossas atividades diárias nós não nos esquecermos disso, talvez seja o quanto basta para uma evolução segura e extremamente eficiente.

A Terra é um planeta escola e não uma colônia de férias:

Na condição de espíritos temos dois problemas muito sérios a atrapalhar nossa evolução: o medo e a preguiça. Por causa deles, vivemos pedindo a Deus facilidades e mordomias mesmo sabendo que nessas fases é que cometemos nossos maiores desatinos evolutivos.

Paz e felicidade nada têm a ver com levar uma vida ociosa e inútil.

Virtudes não se compram, nem se ganham de presente, ou surgem do nada como favor Divino ou da Espiritualidade – são conquistas do espírito nas lides de cada dia.

A ninguém é dado nenhuma prova ou expiação que não possa resolver folgadamente. Quando não nos saímos bem de alguma delas a culpa é sempre da preguiça, da inércia, do medo, e não da falta de oportunidades.

O medo e a preguiça são dois adversários de peso a impedir nossa evolução:

A parábola dos talentos no Cap. XVI de *O Evangelho Segundo o Espiritismo* é um magnífico alerta para um dos maiores problemas do homem contemporâneo: a diferença entre o potencial dos espíritos e o uso que é feito dele. As aptidões espirituais já alcançadas e não usadas são a causa principal dessas modernas pragas: depressão, neurastenia, angústia existencial, pânico.

Viver uma vida voltada principalmente a buscar conforto, luxo, prazeres e acumular riquezas para o futuro é um desperdício de nossos talentos espirituais.

Problemas inatos (de nascença):

Famílias que têm filhos com problemas inatos são constituídas de espíritos fortes que se propuseram a ajudar essa criatura a superar suas dificuldades ou vencer alguns limites, compartilhando. Nem sempre limitações inatas de qualquer tipo indicam débitos com a lei de Causa e Efeito, muitas vezes são escolhas conscientes que o espírito faz para desenvolver determinadas e específicas capacidades espirituais. Para quem tem filhos com tarefas especiais o que menos importa são os motivos. Não interessa perder tempo em imaginar o que motivou tal escolha.

O contato e o intercâmbio com a Espiritualidade não se destina a quebrar nossos galhos perante as cobranças da vida:

Bata que a porta se abrirá não significa que devemos nos transformar em pedintes de favores da Espiritualidade de forma continuada. Adoramos nos desculpar milhares de vezes pelos mesmos erros, simplesmente para, logo a seguir, repeti-los.

As crianças devem ser orientadas a evitar pedir favores e perdão dos erros; é preciso aprender a assumir as responsabilidades pelas consequências das escolhas, enfrentando os fatos e acontecimentos do presente tais e quais se apresentam. O tempo e as oportunidades que se perdem com choro, revoltas, desculpas e pedidos sem sentido, isso tudo nos causa um atraso espiritual individual e coletivo considerável.

Casas espíritas com muitos frequentadores e poucos tarefeiros estão sendo mal gerenciadas e mal conduzidas.

Ninguém merece nem mais nem menos do que o outro:

É importante rever o conceito de merecimento. A criança criada nesse clima de fulano mereceu tal graça, beltrano não..., é atrapalhada no desenvolvimento da capacidade de discernir e passa a desconfiar e a fugir da Lei do Trabalho de evolução espiritual.

Crescer em um ambiente onde as pessoas saibam que cada um tem as suas provas a serem superadas, suas expiações a serem feitas e a sua específica tarefa de vida facilita e muito a verdadeira educação que é a do espírito que se encaminha para a humanização plena.

As crianças não podem ser educadas em clima de clientelismo espiritual. A vida não comporta um sistema de favores para uns e para outros não. Recebemos da vida o que sinalizamos a ela. Isso é básico e os adultos devem vigiar muito os exemplos que oferecem.

Espírita que pede perdão a Deus o tempo todo deve rever todos os seus conceitos sobre a doutrina:

Como diz a letra da música: *Perdão foi feito pra gente pedir...*, claro, mas entre nós humanos é que deve ocorrer o perdoar e pedir perdão, pois esse tipo de atitude é a primeira fase do aprendizado do amor. Quem pede perdão a Deus desconhece a Deus e a si próprio...

Deus não julga, portanto não condena, não pune nem fica emburrado conosco. Simplesmente nos abastece eternamente de tudo que seja necessário para a conquista da paz, da felicidade e da harmonia.

A melhor e única forma de pedir perdão a Deus é desenvolver qualidades e exercitar a caridade sem perder tempo em reclamar ou choramingar.

A criança deve entender o mais cedo possível que perdão se pede a nós próprios e entre nós.

Quem ainda não consegue perdoar as outras pessoas deve se aplicar mais nos exercícios do Evangelho:

Se nós achamos que perdoar é uma coisa muito difícil e distante, coisa de santos ou de espíritos muito evoluídos nos colocamos cada vez mais longe do Cristo e da sua Paz.

O exercício do perdão deve ser feito nas mais miúdas mágoas de cada dia, um dia depois do outro, mês a mês, ano a ano...

Aquele que não exercita o perdão de forma continuada está longe de se tornar um educador a serviço de si próprio e do Cristo.

Quem segue com a família apenas para cumprir a tabela durante a encarnação, tolerando-os para se livrar deles após a desencarnação precisa recomeçar o estudo da doutrina dos espíritos:

Aquele tipo de conversa tão comum nos centros espíritas: *-Tá difícil, mas não me separo, vou aguentar tudo nesta* *existência para me livrar nas próximas, vou pagar minha dívida, meu "kharma",* mal sabe essa pessoa que acaba de assinar nova promissória. Se o objetivo é aprender a perdoar para depois amar, tolerar ou não revidar já é muito bom, mas ainda não é o bastante, pois mantém o compromisso futuro em um tipo de união ainda cimentada pela dor.

Dívidas podem ser sempre renegociadas, contudo jamais o calote será aceito.

A Verdade Sobre a Hereditariedade

O código genético é simplesmente a formatação do corpo físico cujo programa foi desenvolvido pelo próprio espírito.

Acreditar ser vítima de uma loteria genética é contradizer tudo o que nos informou o Mestre Jesus, e a doutrina dos Espíritos referendou através das mensagens codificadas por Allan Kardec.

Somos herdeiros de nós próprios e de mais ninguém. Herdaremos na próxima existência todos os prejuízos que causarmos ao nosso corpo físico atual na forma de tendências e predisposições para adoecer. Nosso padrão de impulsos, compulsões, taras, tendências e atitudes, quando não reformulado retornará nas próximas existências.

É urgente que nos libertemos do pensamento mágico, não nos fascinando pelas descobertas científicas, com a possibilidade de clonar seres humanos para usar os órgãos do clone, como se fossem peças sobressalentes para substituir as nossas, que estragamos com maus hábitos, vícios e excessos de todos os tipos. Com esse enfoque perderemos muito tempo e desperdiçaremos muitas oportunidades de evoluir de forma simples e rápida.

É preciso desde cedo que as crianças entendam que o corpo físico recebe o comando do espírito. Essa é a lei máxima que Jesus nos trouxe: tudo no homem provém do espírito.

Como funciona a parceria entre o espírito, o perispírito e o corpo físico?

O perispírito é um corpo sutil que o espírito forma para se manifestar no mundo em que está. O duplo eterico é um corpo intermediário que liga o corpo físico ao perispírito, aos centros de força, meridianos e pontos de acupuntura. A bioenergia segue essa trajetória até se materializar no corpo físico nos mediadores químicos da transmissão do impulso nervoso, e daí até os órgãos e células.

A criança deve aprender, o mais cedo possível, que todas as consequências de nossas escolhas inadequadas causarão problemas físicos. Deve ficar bem claro que intolerância, medo, agressividade, orgulho, avareza..., enfim, todos os defeitos do caráter são doenças da alma que irão se materializar no corpo, dia menos dia. A medicina psicossomática chama isso de somatização. Segundo a lei de retorno, essas alterações de função ou de lesão dos órgãos ou das células são enviadas à mente e ao perispírito para que sejam registrados. E, podem, caso não haja mudanças no padrão de pensar, sentir e agir, retornar ao físico, fixando a cada dia mais o problema. Podemos solucioná-los de uma vez por todas executando nossa reforma íntima.

Entender como transmitimos nosso padrão de atitudes de uma existência para outra é muito simples: o glutão de hoje será o dispéptico e com problemas de fígado na próxima existência. O fumante será o que traz tendências para asma e bronquite e similares. Aquele que inventou uma doença para se aposentar virá com a mesma doença de sua mentira. O caluniador e o maledicente retornarão com tendências para problemas de garganta. Quem fez um mau uso dos órgãos sexuais trará todos os tipos de tendência a doenças, e à esterilidade, etc.

O que não quer dizer que todas as nossas tendências para adoecer sejam necessariamente resultado puro e simples da Lei de Causa e Efeito; às vezes, foram escolhas de limitações que nos impusemos por vontade própria para facilitar o desenvolvimento de determinadas qualidades do nosso espírito. Mais raramente, é possível que haja adiamento das restrições motivadas pela lei de retorno desta existência para outras existências futuras, pulando a seguinte, mediante intervenções cirúrgicas ou até próteses no períspirito colocadas pelos amigos da Espiritualidade, caso as tarefas de evolução para o espírito precisem no momento de uma saúde física mais estável.

As possibilidades são sempre infinitas, pois o intuito da Lei de Causa e Efeito, além de promover a justiça, é ajudar o espírito a se educar e não puni-lo. O que deve ficar muito claro é que não existe nem um tipo de "deixa prá lá", "dessa vez passa", "fica por isso mesmo", nem perdão dos estragos cometidos sem a necessária e imprescindível reparação. **Fora da caridade não há salvação ou ausência de sofrimento não é cascata do Espírito da Verdade**, é a mais pura realidade.

Diz um ditado popular: *aqui se faz; aqui se paga* – É mais ou menos isso.

As crianças educadas, segundo os conhecimentos doutrinários corretamente aplicados, com certeza serão pessoas que respeitarão muito mais o corpo físico, e aceitarão as possíveis limitações ou doenças como forma de auxílio para progredir. E, não perderão tempo nem oportunidades preocupando-se ou valorizando em demasia coisas sem muita importância para a evolução do espírito, única razão de nossa estada nesta dimensão da vida.

Responsabilidade da Educação

Quando falamos em ser humano, a responsabilidade maior pela sua educação é dele mesmo. É preciso que isso fique muito claro, absolutamente compreendido, pois já passou da hora de pararmos de nos justificar e à cata de culpados externos pela pobreza de educação do nosso espírito.

Existência após existência (como espíritos) nós desperdiçamos as oportunidades de progresso que a vida nos apresenta, uma após a outra. E reclamamos, reclamamos muito de tudo e de todos, nisso somos muito bons. Ora, é nossa cultura que é insuficiente, depois são as condições materiais que não foram as melhores, ou nossas aptidões e dotes de inteligência que deixaram a desejar. Para justificar um fracasso ou explicar a origem do nosso sofrer, quando isolamos a existência em andamento, é fácil e cômodo encontrar culpados externos.

Para curar essa paranoia é preciso aprender a assumir a responsabilidade pela própria educação, que é a construção do indivíduo ou a evolução do espírito. E o caminho a seguir é o do autoconhecimento, único capaz de conduzir à maturidade psicológica para ser aplicado às metas de vida ou projeto de vida que todos trazemos ao nascer.

É lógico que, em se tratando de crianças em idade cronológica, a responsabilidade maior é dos pais e da família; tarefa que vai decrescendo à medida que o espírito assume a responsabilidade pela própria existência, mais ou menos por volta da adolescência.

Um passo importante é entender a diferença entre instrução e educação. Os adultos apenas dão mostras de se preocuparem com a educação dos filhos quando já estão trabalhando ativamente na sua própria educação e na sua reforma íntima. Portanto, quem deseja participar de forma construtiva da educação dos filhos deve iniciar com urgência sua própria autoeducação; o primeiro passo é o conhecimento de si próprio. Quem sou eu? A que vim nesta existência? – para as famílias engajadas em bem educar os espíritos que lhes foram confiados escrevemos um livro roteiro *EU SOU – uma proposta de transformação interior*, Ed. EBM.

Em uma família, assumir a responsabilidade pela educação de qualquer dos componentes é dever de todos. No entanto, é preciso que fique claro, que uns não educam os outros; apenas participam da educação. O segredo, a chave, o caminho para nos sairmos bem é compartilhar um dos desdobramentos da lei do Amor: A Lei do Trabalho, pois quem ama cuida, se desvela e trabalha pelo objeto do seu amor.

Planejamento Familiar do Espírita

Pessoas que optam por não ter filhos mesmo sendo férteis, não havendo nenhum grave impedimento, ainda não podem considerar-se espíritas. Pois, sabem que o único caminho para a evolução do homem é o renascimento.

Métodos anticoncepcionais para pessoas já iniciadas nos mistérios da humanização é um problema muito sério. Pois, aquele que nega oportunidade de reencarnação a outros espíritos por motivos fúteis e egoístas certamente um dia vai ter suas esperanças castradas na vivência da esterilidade, não como retaliação da Lei de Causa e Efeito, apenas como uma futura oportunidade de reflexão.

Para aqueles impossibilitados de os terem, sempre sobra o caminho da adoção que pode ser trilhado por qualquer espírito de boa vontade mesmo que já tenha muitos filhos.

Planejamento familiar para quem já tenta se guiar segundo as leis naturais envolve muito mais detalhes do que determinar quantos filhos se deseja. Planejar uma família espírita é criar um estatuto baseado nas leis cristãs capaz de balizar a vida íntima, a relação do casal, de regular as interações entre os familiares e de conduzir de forma segura os espíritos que ali serão recebidos na condição de filhos.

Planejar é uma capacidade humana que deve ser exercitada e alinhada às Leis Divinas. A maior parte das famílias não funciona como seria de se esperar para esta Era do Espírito por absoluta falta de diretrizes Evangélicas de vida, ausência de planejamento e preguiça na execução do que se pretende.

Na vida em família, criar regras claras, lógicas e aplicá-las com justiça é um ato de amor. Ajudar a criança a perceber seus limites e os dos outros e a respeitá-los é um ato de caridade.

Mais do que tudo o ser humano precisa de disciplina, muita disciplina, especialmente para atingir o grau de humanização condizente com suas capacidades já desenvolvidas.

Mesmo o sentimento do amor não nasce sem a ajuda da disciplina.

Disciplinar não é impor, forçar. A verdadeira disciplina é resultante de um longo trabalho que gera atitude voluntária e consciente, portanto necessita da capacidade de discernir. Quem busca disciplinar-se: Pensa. Quem ainda é apenas disciplinado ainda não pensa o suficiente.

Para discernir com qualidade, a pessoa deve obrigatoriamente possuir metas objetivas de vida, além de inteligência, conhecimento do que vai fazer, e mais ainda: trabalhar para alcançar os resultados que espera. A criança deve ser treinada para valorizar a Lei do Trabalho.

Segunda Parte

Capítulo 2

Educação Compartilhada – A Necessária Adequação do Adulto

Mil palavras não valem uma atitude. Mil atitudes de um não valem uma única chance de aprender bem aproveitada.

A educação da criança, segundo os princípios do Evangelho e alinhada às leis da vida, somente poderá dar bons frutos se os adultos à sua volta desenvolverem um processo contínuo de reeducação, tendo a humildade de tentar compartilhar as mudanças do seu padrão de atitudes com a criança em pé de igualdade, sem imposições, críticas ou julgamentos e assumindo cada recaída sem colocar a culpa em situações ou pessoas.

O adulto deve verbalizar sempre que possível seus problemas do caráter e da personalidade:

– Nossa, olha o que minha inveja me fez passar! Minha intolerância trouxe de volta este problema! Outra vez fui impaciente! – Filho, por favor, toda vez que perceber que eu esteja cometendo o mesmo erro você me avisa? Ficarei muito grato pela ajuda!

O resultado desse exercício de humildade (uma das carências da educação) é rápido e eficiente especialmente com as crianças da "Geração Nova"; elas rapidamente percebem que nesta dimensão da vida ainda não há lugar para pessoas perfeitas e que é muito mais inteligente mudar por vontade própria do que contar com a ajuda da dor e do sofrer.

Para compartilhar nossa reeducação com a da criança é preciso recordar alguns conceitos básicos da vida em família:

- O que fazer frente aos problemas?
- O estudo das leis básicas da vida humana
- As regras da casa
- A compreensão dos limites
- Evitar as críticas
- Valorizar as qualidades do outro
- Pedagogia natural
- Desenvolver o hábito de anotar
- Programar mudanças
- Desenvolver a transparência
- Respeitar o outro
- Prática do evangelho no lar

O Que Fazer Frente aos Problemas?

Sempre que nós rotulamos uma situação de "problema" o primeiro passo a ser dado para resolver de uma vez por todas essa questão, é mudar o rótulo: de problema para "lição". Não se trata de um problema de linguística ou a troca de uma palavra por outra. Nessa troca tudo se modifica, pois a palavra "problema" desencadeia o medo que gera a produção de mediadores químicos no sistema nervoso que atrapalham o raciocínio dificultando que se encontre a solução. A palavra "lição" não vem acompanhada da obrigação de se encontrar um resultado correto imediato, e o aprendizado fica facilitado.

Cada situação deve ser analisada de forma simples e direta para que o trabalho desenvolvido seja eficiente. Quem se recusa a parar para pensar e analisar para aprender a discernir entre as polaridades: verdade e mentira, realidade e ilusão, certo ou errado, bom ou mau certamente vai desperdiçar preciosas oportunidades de se humanizar.

Observar, deduzir, planejar, executar representam condições básicas de humanização. Quem resolver conduzir a existência ao "deus dará", ao sabor dos acontecimentos será um eterno pedinte de favores divinos.

Tudo ao seu tempo, pois a pressa é inimiga da perfeição...

A consciência de que nem tudo vai ser resolvido ou aprendido nesta existência traz sensação de paz relativa e certa felicidade, além disso, facilita o correto uso dos recursos do conhecimento e do tempo. Aceitar que determinadas situações não serão resolvidas desta vez é sinal de inteligência e humildade.

O perigo que corremos com a aceitação é cair nos braços da inércia e entregar tudo na mão de Deus. Deixar de executar o que é possível em determinado instante é uma armadilha a ser evitada.

Pedir a Deus que as provas e as expiações sejam retiradas, como habitualmente fazemos, é desprezar o material de aprendizado ou as ferramentas que nós próprios escolhemos antes da reencarnação.

Em algum instante da vida, seja por incompetência ou ignorância, alguns pais dão a entender ou verbalizam aos filhos que eles são um fardo a ser carregado ou um problema em suas vidas. Pensar assim indica pobreza de compreensão das leis da evolução. Nenhum pai ou mãe educa os filhos, apenas participa da educação daquele espírito com os recursos de que dispõe. Compreender que nenhum espírito fará a evolução pelo outro é também condição básica para progredir com calma. Mesmo aconselhar não é apontar soluções e sim mostrar um conjunto de possibilidades de causa e efeito.

Sofrer com os outros também não é indicação de bondade nem de evolução espiritual; apenas indica falta de educação emocional.

Problema algum relacionado à evolução humana será resolvido se nos esquecermos das reais finalidades do existir.

O Estudo das Leis Básicas da Vida Humana

A evolução não tem como falhar. Passo a passo todos nós subiremos cada degrau do aperfeiçoamento, seja impulsionado pelo próprio desejo, seja impelido a fugir da sensação de dor ou de sofrer. Desde o princípio do raciocínio contínuo, periodicamente, quando nos recusamos a superar os limites possíveis para determinado momento, somos relembrados do nosso dever pelas situações que atraímos. E, o recurso que pode tardar para os mais teimosos, mas que não falha nunca, é a dor, nossa companheira fiel de séculos e séculos.

A melhor herança, o patrimônio mais fantástico que podemos legar aos nossos filhos é o conhecimento das leis que regem a vida e a sua compreensão, que só se adquire por meio da vivência, que apenas se atinge pela prática, pois as palavras não educam ninguém, os exemplos ajudam; mas se não permitirmos que o espírito viva – pratique o livre-arbítrio e sofra as consequências de suas escolhas – ele não incorpora à sua bagagem evolutiva a experiência e não tem domínio sobre ela.

O contato com as leis e sua compreensão é gradativo. A primeira a ser experimentada e vivida pela criança desde muito pequena é a de Causa e Efeito que regula o uso do livre-arbítrio. Para que seja aceita não necessita de muito discernimento nem habilidades especiais. À medida que o espírito amadurece, passa à fase de compreensão dessa lei, requisito básico para compreender a lei de retorno que foi colocada de maneira inteligente e prática por Jesus ao nos pedir que façamos ao outro somente aquilo que desejamos para nós. A seguinte a ser ensinada e que engloba a de progresso é a Lei do Trabalho. Um grave engano é ajudar a criança a entender a Lei de Trabalho voltada apenas para o lado material ou profissional. É preciso que fique claro que a Lei do Trabalho que realmente importa é a da evolução do espírito. O material pedagógico sempre se encontra nos fatos do cotidiano que se criam de forma natural. Basta que fiquemos atentos para realçá-los.

As Regras da Casa

Uma das grandes necessidades do homem é a disciplina. Tudo que intentarmos fazer, mesmo se intenções forem corretas e as capacidades desenvolvidas, sem a disciplina do trabalho constante e metódico, os resultados serão muito pobres e ineficientes. A educação das crianças deixa muito a desejar, mesmo em lares de pessoas bem-intencionadas e relativamente capazes de encaminhar a criança para uma vida produtiva e saudável.

Pela falta de regras corretamente aplicadas na vida em família, melhor seria se fossem instituídas antes da chegada dos filhos.

O conjunto das normas deve estar alinhado acima de tudo, de todas as convenções sociais, às leis que regem a evolução do homem.

Cada um dos membros da família deve conhecer suas obrigações e deveres perante si e os outros, para que seja capaz de exercer seus direitos.

Sua aplicação deve ser equitativa sem nenhum tipo de exceção ou protecionismo.

As regras nunca podem estar associadas à afetividade do tipo: se é permitido, sou amado, se não é permitido, não sou amado.

Deve ficar claro, para os espíritos que vão chegando ao grupo ou filhos, que não mudarão as regras segundo a sua conveniência do momento; podem chorar, espernear, berrar, contudo terão de se submeter a elas até que tenham condições de contribuir para sua mudança; se for o caso.

Além de instituir as regras de convivência familiar, é preciso que o adulto dê o exemplo de sempre as cumprir ao pé da letra. Muitos adultos sem que percebam abrem exceções para si e depois cobram dos outros, às vezes, até com rispidez.

A Compreensão dos Limites

Para que a educação do ser humano seja simples, alegre, prazerosa e eficiente é preciso adquirir a noção de que há limites para cada etapa da evolução, tanto individual quanto coletiva (... a cada um segundo suas obras..., como disse Jesus).

Quem não tem noção nem respeita seus próprios limites e os dos outros sofre e faz sofrer.

Não adianta ter pressa, a evolução não é lenta nem rápida, apenas gradual. Os parâmetros são: o conhecimento seguido da experiência e do tempo responsáveis pelo desenvolver das idênticas capacidades latentes em todos. Nós temos a existência inteira e muito mais para ajudar os espíritos que nos foram confiados como filhos e muito mais, muito mais.

Para que os pais e os filhos não se angustiem sem necessidade é preciso compreender que o espírito que retorna tem os seus limites de evolução nesta existência. Além disso, em cada fase da sua evolução em idade cronológica, o desenvolvimento é particular.

Uma armadilha coletiva: as padronizações e os conceitos de normalidade (cuidado com eles).

No conjunto da arte de se disciplinar não pode faltar o respeito pelas regras e a observação dos limites, seja os íntimos, ou os de interação com as outras pessoas.

Se alguém disser que as crianças de hoje são pobres em respeitar regras e em perceber limites todo mundo concorda e aplaude. Mas, se esse alguém afirmar que a falta de percepção e de respeito aos limites não é porque não tenham sido colocados como pensa a maior parte das pessoas, mas ao contrário: as excessivas limitações sem conteúdo lógico; essa mesma pessoa é rotulada de maluca.

Evitar Críticas

Mesmo discordando da posição assumida pela outra parte na relação familiar, especialmente quando se trata da relação entre pais e filhos, é preciso aprender a guardar silêncio para expor sua posição no momento oportuno. Se os pais quiserem perder a capacidade de intervir de forma positiva e marcante na educação dos filhos, basta que comecem a brigar na frente deles, principalmente se a discussão envolver permissão ou negativa frente a alguma solicitação.

A falta de diálogo e de respeito entre marido e mulher é uma das causas de peso na má educação dos filhos.

Antes de discutir ou de criticar é preciso analisar a si próprio, avaliar sua própria conduta. Medir as palavras e observar que o tom de voz indica além de inteligência, evolução espiritual.

Além disso, ninguém gosta de ser criticado; alertado sim; ajudado também.

Valorizar as Qualidades do Outro

Criticar qualquer um critica.

Para apontar os defeitos dos outros não é preciso desenvolver qualidade humana alguma.

Ressaltar as qualidades das outras pessoas, aumentando sua autoestima, sem reforçar seu ego nem sua vaidade é uma tarefa que requer o desenvolvimento da capacidade de discernir. Não é preciso verbalizar cada qualidade, basta apenas oferecer condições para que as qualidades dos outros se manifestem e sejam usadas. Elogios fora de hora fazem muito mal a quem os recebe e aos ouvidos de quem os presencia.

Crianças educadas em um ambiente de respeito e de fraternidade, entre os adultos que ali convivem, absorvem essa forma de viver e pouco a pouco a incorporam ao material que já trouxeram capaz de ajudar em suas conquistas espirituais.

A responsabilidade é progressiva: quem mais sabe, mais deve responder pelo saber.

Não basta apenas não criticar ou falar mal das pessoas, é preciso estimulá-las a se tornar cada dia melhores.

Pedagogia Natural

Viver é um ato pedagógico.

A Terra é um planeta escola e nós somos seus alunos. Pessoas já Evangelizadas têm certeza que estamos aqui a trabalho e não a passeio. Quanto mais preparados e avançados em conhecimento estiverem os espíritos, maiores serão as exigências em cada uma das provas a que estarão submetidos (é importante que se diga que as possíveis dificuldades não implicam sofrimento, mas apenas uma forma preguiçosa e rebelde de interpretação de um fato ou situação). A inversão de valores que predomina na educação é que nos induz a rotular toda e qualquer prova como se fosse uma expiação, um castigo, um pecado ou uma questão de sorte, azar ou destino.

Superar esse condicionamento milenar que o nosso espírito já traz de forma inata, e que pode ser mais reforçado ainda nesta existência, exige desenvolvimento da inteligência, vigilância constante e muita oração para reformar o padrão de pensar, sentir e agir frente aos obstáculos a serem superados para o desenvolvimento de nossas qualidades espirituais.

Como começar?

Cada fato do dia a dia, cada pequeno acontecimento é um recurso pedagógico a ser explorado para desenvolver capacidades intelectuais e qualidades morais. Quando sabemos quem somos e o que fazemos aqui, exercitamos o conceito "vigiai e orai" como nos aconselhou Jesus, e mais atentos não desperdiçamos as chances de aprender nossas lições particulares e coletivas.

Educar filhos não tem segredo nem é algo difícil ou complicado quando usamos o modelo Divino como referência. Deus é um Pai amoroso que ama seus filhos de forma idêntica quer gostem Dele ou não, quer acreditem Nele ou não. A base de seu amor é a justiça impecável e perfeita, já que um não existe sem o outro.

Dentro de nossas limitações humanas é preciso apenas atenção para não atrapalhar a evolução dos espíritos que nos foram confiados. Gostamos de brincar de Deus sem compreender Deus. É claro que Deus zela por nós, mas não atrapalha nosso progresso nos paparicando e realizando nossas mais absurdas e inúteis vontades o tempo todo.

O método Divino de pedagogia é simples ao extremo:

Permissão para Aprender

Ninguém que não tenha sérios problemas psíquicos escuta a palavra de Deus em seus ouvidos; ouve e sente Deus através de seus atos de criação. Os pais não imitam Deus, pois falam muito e fazem pouco, exemplificam mal e não permitem que as crianças aprendam, vivendo as experiências que escolhem.

Está aí a nos mostrar a intolerante "geração analgésico" – constituída de pessoas que não toleram o mínimo contratempo, a frustração.

Desenvolver o Hábito de Anotar

A fase de permissão para gerenciar a vida de forma informal, ao "deus dará" ou segundo os acontecimentos, acabou. A fase atual é de aceleração do fluxo das experiências que hoje são múltiplas e simultâneas. O foco de nossa atenção ou consciência é deslocado o tempo todo de uma ocorrência a outra. Quem se recusar a desenvolver um sistema de anotar ou documentar o que percebe, de criar metas de curto, médio e longo prazos e desenvolver estratégias de mudanças quando os resultados são insatisfatórios vai nadar – nadar e morrer na praia. Isso não é uma simples teoria, é a realidade, basta observar o número crescente de pessoas que não conseguem acabar o que começaram e nem criar algo de novo.

Tudo que observarmos dos impulsos, compulsões, tendências e da personalidade de nossos filhos deve ser anotado, checado, confirmado.

As consequências esperadas na forma de problemas futuros, a respeito de tudo o que foi observado, devem ser analisadas para que as possíveis soluções se antecipem aos problemas.

Falar, falamos até pelos cotovelos. Nem costumamos muito analisar o que vamos falar; já escrever é diferente, temos receio do que vai ficar registrado. O receio de anotar o que percebemos de inadequado no conjunto dos impulsos, tendências e da personalidade, tanto de nossos filhos quanto da nossa, justifica-se pelo medo de não sermos compreendidos mais tarde ou de recebermos críticas de volta. Eliminar esse medo é muito fácil desde que se cumpra um requisito básico: a criança não está sendo julgada, censurada ou criticada. A intenção única que deve nortear a tarefa é a de ajudar aquele espírito a se libertar de antigas características cujos frutos podem ser antecipados – tais quais: a dor e o sofrer.

Outros requisitos são necessários para que se perca o medo de anotar, de registrar a tarefa:

- Transparência.
- Clareza.
- Forma.
- Honestidade de propósitos.
- Exemplos.
- O momento certo.
- Nunca fazer comparações.
- Respeito.

Verbalizar sempre os próprios defeitos, não os dos outros.

Programar Mudanças

Programar mudanças exige consciência e conhecimento do que e como fazer.

Conhecidos os impulsos, tendências, compulsões e características da personalidade do espírito que retorna, *é preciso desenvolver uma estratégia de ajudá-lo a se reformar.* É claro que apenas conhecer alguma coisa não resolve problema algum nem elimina qualquer dificuldade, é preciso agir com inteligência e cautela. As dificuldades a serem superadas são muitas. O meio ambiente atua fortemente sobre os envolvidos: cultura e valores sociais, crenças, sistema de educação, etc. Falta de vontade ou de competência dos pais. Resistência do espírito da criança a se reformar, etc. Analisemos algumas:

Principais dificuldades:

Educação e cultura

A tendência da educação e da cultura é privilegiar apenas tudo que envolva a vida no plano físico. A educação confunde-se com o grau de instrução e está voltada totalmente para a vida profissional. A cultura visa apenas atender às necessidades do corpo – comer, vestir, morar, gozar ao extremo todas as sensações físicas. E atender a todas às exigências do orgulho e do egoísmo: aparentar, sobrepujar, dominar, sobressair, exercer o poder sobre os outros. A educação do espírito fica apenas para a religião e concentrada apenas nos locais religiosos, fora deles é um *salve-se quem puder* sob o manto das mais descaradas justificativas, desculpas e conceitos ou padrões de normalidade.

Pensamento mágico

Preguiça e medo são dois grandes inimigos da evolução do espírito. Graças a eles criou-se o pensamento mágico, nos mais diversos campos da vida humana. Desde o igual princípio para todos, tanto no potencial quanto nas oportunidades, sempre houve espíritos com mais preguiça de pensar e outros com menos. Sendo todos ainda orgulhosos e egoístas, é natural e saudável que o menos preguiçoso explore o outro até que ele se canse e passe a pensar também ficando em pé de igualdade.

Os pais ainda vão aos consultórios médicos buscar remédios mágicos para mudar a personalidade das crianças. Correm atrás de psicólogos para que eles reformem em um piscar de olhos tudo o que identificam como inadequado nos filhos. Adultos que não aprenderam ainda a Lei de Causa e Efeito nem suportam a Lei do Trabalho serão incapazes de ajudar seus filhos a progredir com o mínimo de sofrimento. É preciso que as pessoas se conscientizem que a natureza não dá saltos. Todas as mudanças são graduais e a fase inicial é o conhecimento seguido depois da sua aplicação. Muitas de nossas próprias características e as dos espíritos que vieram como nossos filhos não se modificarão totalmente nesta existência. Interessa apenas tentar sem desânimo, sem pressa e muito menos angústia.

Imaturidade

A recusa do espírito em amadurecer vai se traduzir nas atitudes cotidianas quando encarnado, não importa a sua idade cronológica na existência atual. Hoje temos crianças em espírito com cara de adultos, cuidando de crianças em espírito com cara de crianças, o resultado é o que se vê no dia a dia.

Um indicativo de maturidade é a capacidade de compreender o que deve ser feito, qual o momento certo e a forma. Quem não é capaz ainda de compreender que somos espíritos eternos em processo de aprimoramento será incapaz de persistir sem desânimo nas tentativas de autoaprimoramento.

Incompetência

Incompetente não é o sujeito ignorante. Saber o que fazer e como se faz ele sabe; apenas não se aplica quando executa e, faz mal feito. A maior parte dos pais ainda é incompetente para ajudar o espírito que se apresenta como seu filho a progredir sem muitas complicações, apenas porque se deixam levar pelos seus interesses mais imediatos.

Pressa

O desejo de modelar a criança, segundo os interesses da família e da sociedade em que vivemos, o mais rapidamente possível causa grande sofrimento tanto para a criança quanto para o grupo familiar.

Na realidade, como coletividade, nós nos assemelhamos a uma criança preguiçosa e irresponsável que se encontra na sala de aula e o professor avisa que, apenas quando a tarefa estiver terminada é que os alunos poderão ir para o recreio. A tendência do aluno que não se interessa por aprender é fazer a tarefa correndo sem se preocupar se está certa ou não. Tarefa mal feita é tarefa devolvida para que seja refeita; no entanto, ao invés de caprichar, o sujeito refaz a tarefa com a cabeça voltada para os folguedos e as brincadeiras do recreio, conclusão: tem de repetir as tarefas e brinca apenas na ilusão de estar brincando. Alertado, finge que faz. Admoestado, esperneia, revolta-se, xinga, chora..., tudo em vão, pois tem de recomeçar até que aprenda a lição século menos século...

Para a maior parte de nós adultos, admitir que simples palavras são incapazes de gerar educação: incomoda. Aceitar que é preciso o tal do exemplo: desgasta. Pior ainda, confirmar que uns não educam os outros e que apenas podem treiná-los: irrita. Aceitar que apenas cada um de nós dá o veredicto final na própria educação pode representar a solução.

Principais erros:

Terceirizar responsabilidades

A tentativa de transferir aos outros as responsabilidades que nos pertencem, além de indicar falta de maturidade e incompetência, ainda sinaliza preguiça, medo e falta de caráter. A fuga da responsabilidade de educar os filhos faz com que a família jogue para a escola essa obrigação que não é dela. A escola e os professores têm o dever de informar. Apenas, quando os professores desejam se tornar mestres de verdade informam tentando sempre melhorar o caráter das crianças.

Deixar para depois o que pode ser melhorado, já

Uma infância tão dependente e prolongada quanto a humana, quer queiram quer não as pessoas, termina criando vínculos de afetividade, e sem soberania emocional. Quantos desgostos e sofrimentos futuros podem ser evitados quando os pais estão atentos para corrigir as más tendências de seus filhos.

Isso passa...

Essa forma de comportamento é da idade...

O problema dessa fuga é que boa parte dos espíritos está em condição de evolução parecida. Deve ficar muito claro que tudo o que cada criança demonstra de características, impulsos e forma de comportamento, em cada fase de seu desenvolvimento nesta existência, resultam da condição do espírito que ali está e que, por acaso apenas por acaso, se assemelha a muitos outros em semelhantes condições. Tudo o que pudermos ajudá-lo neste momento deve ser feito sem demora. Quanto mais tempo passa, mais certos padrões de atitudes e de comportamentos inconvenientes vão sendo fixados.

Os pais projetam-se nas más tendências dos filhos

A falta de compreensão das leis que regem a evolução do espírito faz com que os pais finjam ignorar os maus impulsos e tendências dos filhos por vergonha. Porque são espíritos rebeldes contumazes e, de certa forma têm consciência disso, sentem-se envergonhados perante os outros por terem gerado um filho (espírito) com más tendências como se fossem culpados disso. Talvez até o sejam se, em existências anteriores, já tiverem falhado com o mesmo espírito na tentativa de ajudá-lo a se corrigir das mesmas dificuldades e defeitos de caráter.

Na vida em família, criar regras claras, lógicas e aplicá-las com justiça é um ato de amor.

Ajudar a criança a perceber seus limites e os dos outros e a respeitá-los é um ato de caridade.

Mais do que tudo o ser humano precisa de disciplina, muita disciplina, especialmente para atingir o grau de humanização condizente com suas capacidades já desenvolvidas. Mesmo o sentimento do amor não nasce sem a ajuda da disciplina.

Disciplinar não é impor, forçar.

A verdadeira disciplina é resultante de um longo trabalho que gera uma atitude voluntária e consciente, portanto necessita da capacidade de discernir. Quem busca disciplinar-se: Pensa. Quem ainda é apenas disciplinado; ainda não pensa o suficiente.

Para discernir com qualidade, a pessoa deve obrigatoriamente possuir metas de vida objetivas e claras; além de inteligência, conhecimento do que vai fazer, e mais ainda: trabalhar para alcançar os resultados que espera. A criança deve ser treinada para valorizar a Lei do Trabalho.

Desenvolver a Transparência

Tudo que começa certo se desenvolve com mais segurança e eficiência.

É lógico que a reeducação ou reforma íntima dos espíritos que neste momento se encontram na condição de adultos seja mais lenta e até sofrida. O tipo de educação que predomina dificulta mais ainda o progresso espiritual e uma das dificuldades é que as pessoas acabam criando uma imagem totalmente deturpada de si mesmas. O alerta para esse problema é bem antigo. Jesus nos disse que: *Somos lobos em pele de cordeiro...; Túmulos caiados de branco por fora e cheio de podridão por dentro...* Essa falta de transparência, além de já ser uma tendência inata de muitos, ainda é reforçada pela cultura e educação voltadas apenas para as coisas externas.

Mudar isso é muito simples: basta que os adultos procurem conhecer-se. Descobrir o EU SOU.

Quem se reconhece e se aceita não precisa tentar esconder nada dos outros. A aceitação de nós próprios e de nossa condição evolutiva é o passo mais eficiente em direção à melhora. Tentar ocultar das pessoas quem somos e nossas verdadeiras intenções, além de desperdício de precioso tempo, desgasta muito, consome muita energia vital facilitando a instauração do desânimo ou da depressão.

Respeitar o Outro

Um dos requisitos para se viver em relativa harmonia é aceitar as pessoas mediante *como elas já conseguem ser.*

Tentar mudar os outros pensando apenas em tornar a nossa vida mais confortável é faltar-lhes com o respeito, é um dos grandes erros da educação de todos os tempos.

Cada um deve tentar ficar na sua, pois nem sempre nossa maneira de encarar uma situação ou de resolver um problema resulta em solução adequada para a outra pessoa.

Respeito é diferente de omissão.

Isso não quer dizer que devamos cruzar os braços ou nos omitir frente aos problemas que envolvem as pessoas às quais estamos ligados. No entanto, deve ficar bem claro que os outros merecem de nós o mesmo respeito com que Deus nos trata. Segundo a ótica Divina, todos nós temos o direito de evoluir segundo a forma que escolhemos e no momento em que pensamos ser o melhor; que não é necessariamente aquele caminho que Deus mostrou como o correto.

Queremos imitar Deus mesmo sendo pouco competentes na arte de viver. Para imitá-lo é preciso compreendê-lo. Para isso, não é preciso muita ciência, basta observar a dinâmica perfeita do seu plano evolutivo.

Deus não julga, portanto não precisa perdoar. Não recrimina, não pune e nunca nos vira as costas, nem abandona, não quer controlar nossas vidas, e jamais desanima quando sua vontade não é feita.

Deus, o tempo todo: abastece, nutre, zela, cuida, mostra o caminho adequado, simplesmente ama.

Aceitar o outro exatamente como ele é. Aprender a respeitar cada um de seus limites. Não desistir nunca de ajudar. Esses são alguns dos requisitos iniciais do aprendizado do amor.

Prática do Evangelho no Lar

A cada dia mais e mais pessoas tornam-se desadaptadas, neuróticas, paranoicas. Muitos são os motivos, e um deles é a pobreza da troca de informações e de experiências entre elas, principalmente na vida em família. Quando se conversa os assuntos são fúteis e sem interesse para a evolução do espírito. As pessoas adoram jogar conversa fora, um terrível desperdício. Predominam na relação familiar as cobranças, as exigências indevidas, e não raro as retaliações. Os meios de comunicação alienam as pessoas. Os meios de diversão favorecem todos os tipos possíveis de desequilíbrios emocionais e reforçam as más tendências negativas dos espíritos.

Quem se atreve a usar o tempo e a fala para aprender a viver segundo as leis preconizadas por Jesus é rotulado de fanático e de piegas. Quando se institui o Evangelho no lar já é um grande avanço.

A maior parte dos espíritas conhece o potencial da prática do Evangelho no lar. Quem o pratica sabe dos benefícios que já recebeu a família e cada um de seus integrantes. De certa forma essa atividade familiar pode ser usada com mais eficiência ainda se praticada diariamente e não apenas uma vez na semana.

Responsabilidade progressiva:

Aprender o uso de técnicas simples de terapia em grupo e suas dinâmicas para serem usadas no Evangelho pode ser uma ferramenta muito útil, além de ler e comentar.

A discussão de casos e situações vividas pelas pessoas da família, evitando julgamentos e comparações, pode trazer importantes lições a cada um. Até porque de quem menos esperamos pode vir a solução para as nossas dificuldades íntimas.

Elevar o padrão das conversas na vida em família é excelente ferramenta para alavancar a evolução do espírito de cada um dos que compõem o grupo familiar.

Algumas dificuldades naturais surgem, é preciso paciência e perseverança para prosseguir.

Algumas providências são necessárias:

Uma das mais urgentes é limitar o uso da televisão que hipnotiza a família, impede o diálogo e reforça as más tendências de todos.

O Evangelho no lar deve ser praticado com bom ânimo e vontade própria, para que se torne uma ferramenta de viver bem aprendendo sempre.

Ninguém deve ser obrigado a participar dele.

Cuidado com o uso dos pilares da educação que ainda persistem para forçar a participação: medo, mentira, suborno, chantagem.

Terceira Parte

Capítulo 3

O Estudo da Criança

Quando Jesus nos alertou para que nos assemelhássemos às crianças com certeza estava se referindo à sua transparência.

O espírito que retorna assume a consciência da existência passo a passo e o processo reencarnatório apenas se completa na adolescência. Isso, foi antes – na atualidade tudo está acelerado; em todos os aspectos.

As interações da criança com o mundo; com as outras pessoas, nos primeiros anos de vida, se faz por meio de mecanismos subconscientes que espelham diretamente e sem subterfúgios educativos e culturais a evolução do seu espírito, sem a interferência do consciente e do ego tão influenciados pela educação e pela cultura as quais a criança está exposta.

A criança pequena é a vitrine do espírito.

Quem quiser se tornar um educador seguindo Jesus como modelo deve se dedicar a estudar o espírito que está chegando.

Para bem participar da educação das crianças, é obrigatório que se busque conhecer quem é aquele espírito que está retornando.

- Estudo da interação mãe e filho na gestação
- Impulsos
- Tendências
- Compulsões
- Personalidade
- Quem a criança adotou como modelo?
- Afinidades e antipatias
- As identificações da criança

Estudo da Interação Mãe/Filho na Gestação

Mulheres com muitos filhos comprovam que cada gestação é uma experiência única; inexplicável. O motivo é simples: as crianças são espíritos diferentes e com uma relação de passado entre família, mãe, filho bastante diferenciada e integrada.

Dividir o corpo com um espírito afim é bem diferente de fazê-lo com um adversário do passado.

Com os adversários do passado as reminiscências vão aflorar na forma de indiferença, rejeição, ressentimento e até ódio.

Atração e rejeição são condições naturais dentro da condição evolutiva da maior parte de nós.

Pessoa alguma deve se sentir culpada quando tende a rejeitar um filho sem atinar para o motivo.

Para aprender a amá-lo basta seguir o conselho do Mestre Jesus:

Aproveita e reconcilia-te com teu adversário enquanto estás a caminho com ele...

É natural que nos momentos de pouca consciência a rejeição aflore, no entanto, ao vigiarmos, adquirimos consciência e tentamos sem cessar desenvolver paciência, tolerância e compreensão, até que a aversão seja transformada em afinidade e depois em amor. A dificuldade em se demorar mais ou menos para superar isso depende apenas de boa ou má vontade em fazê-lo, e a oração pode ser uma valiosa ferramenta a nos colocar em sintonia com os Mentores que orientam e zelam pela nossa família. Sim, todos nós os temos – Receber ou não sua ajuda depende da sintonia criada pela vontade.

A mãe atenta pode estudar cada mudança na sua maneira de pensar, sentir e agir desencadeada pela gravidez.

As mudanças psicológicas, emocionais e espirituais irão se traduzir, muitas vezes, em modificações orgânicas que podem até ser confundidas com doenças.

Não é difícil aprender a separar o que já fazia parte das características maternas daquilo que surgiu ou aflorou durante a gestação.

Até doenças podem surgir dependendo da qualidade da relação entre o espírito da mãe e do filho, que pode ser avaliada pelas sensações que a grávida passa a experimentar no decorrer da gestação. E o mais espetacular: são comuns os casos de curas inexplicáveis pela ciência tradicional, de doenças maternas durante e após a gestação.

É lógico que nem tudo "de diferente" que surge durante a gravidez depende apenas dessa interação.

A condição de evolução do espírito materno, bem como a sua situação psicológica e física têm sua importância na qualidade das sensações. Além disso, não podemos nos esquecer das ocorrências em andamento no momento da gravidez: se foi ou não desejada, a situação de vida do casal, o momento financeiro..., enfim todas as circunstâncias em andamento antes da gestação.

É lógico que a qualidade de evolução do espírito que retorna também vai influenciar as sensações geradas pela gravidez.

Se ele deseja ou não retornar naquele grupo, enfim todas as condições que antecederam ao retorno.

Além disso, se as mães tivessem o conhecimento e a certeza de que seus pensamentos, sentimentos e atitudes afetam de pronto o espírito que está retornando, certamente a vigilância seria bem mais apurada e o hábito da oração mais desenvolvido. Assim, muitos contratempos futuros seriam evitados.

O estudo das mudanças ocorridas durante a gestação, o parto e durante o pós-parto imediato podem ser de grande valia no processo da reforma íntima, tanto da mãe quanto do espírito da criança. Desde que tudo seja anotado para reavaliação continuada, pois observar e logo esquecer não serve para muita coisa.

A importância do diálogo entre a gestante e o espírito que chega.

A profilaxia de muitos problemas futuros pode ser iniciada por meio das conversas mentais e mesmo de conversas verbalizadas entre mãe e filho. É importante que a mãe tente superar possíveis aversões que sente por aquele espírito que aparentemente não se justificam. As crianças da Geração Nova facilitam essa percepção – a mãe sente como se estivesse conversando realmente como em uma interação on-line da Net.

O espírito precisa sentir-se acolhido.

É muito importante que ele sinta que as pessoas da família tentarão amá-lo, não importando as dificuldades que se apresentem. O espírito sente e registra esse sentimento no seu campo vibratório, o que vai facilitar o desenvolvimento da relação no futuro. Nem sempre as dificuldades de quem volta está relacionada à mãe; muitas vezes o problema é com o pai, irmãos, e outros membros da família.

Olhos de ver e ouvidos de ouvir.

Também não é difícil para a mãe analisar como se sente nessas interações; e começar a avaliar onde estarão os problemas de relação familiar no futuro.

Da mesma forma, a conversa entre o pai e o espírito que volta é muito importante. E, às vezes, um primeiro passo dos mais importantes para iniciar uma aproximação mais tranquila e saudável.

Muitos desejos e impulsos estranhos ao padrão de atitudes costumeiras da mulher do tipo: compulsões, tendências e formas de comportamento não habitual já fazem parte do que está oculto na personalidade materna e que a gravidez traz à tona.

Quem pode manda; quem tem juízo obedece.

No entanto, é preciso ficar alerta, pois muitos espíritos que retornam possuem capacidade vibratória capaz de comandar o espírito materno até como se fosse um obsessor. Vale a pena anotar tudo isso, para checar passo a passo no futuro.

Muitos pais não percebem com clareza, mas são comandados, no dia a dia, pelos espíritos dos filhos.

Impulsos

A morte não transforma ninguém em anjo nem sábio ou mesmo demônio; o que fomos continuaremos a sê-lo.

Ao retornar ao plano físico, o espírito traz consigo o que ainda é.

Cada um viaja de uma dimensão a outra da vida apenas com sua própria bagagem ou *o tesouro que o ladrão não rouba e a traça não corrói.*

Desse modo, não há época melhor do que a infância para se estudar as necessidades de aperfeiçoamento do espírito que recomeça.

Nessa fase da vida, ainda não se manifestaram as travas que o espírito já traz de outras vidas; nem tampouco se fixaram as que serão proporcionadas pela educação recebida nesta existência, o que permite que nos primeiros anos de vida os impulsos se manifestem mais livres e claros.

Tal e qual as reações instintivas, os impulsos são formas simples e primárias de reagir que não chegam a passar pelo crivo da razão ou consciência. Surgem automaticamente, mediante certos estímulos, em especial aqueles relacionados com a sobrevivência.

A criança em idade cronológica tem a consciência e a capacidade de discernir ainda pouco desenvolvida e, por esse motivo é muito mais *impulsiva* do que o adulto; antes assim fosse, pois muitos adultos não conseguiram superar essa fase.

Quando se analisam os efeitos da atitude impulsiva, podemos dizer que há bons e maus impulsos dependendo da qualidade das sensações que trazem consigo: dor e tristeza ou alegria e prazer.

Os inatos podem ser atenuados durante a infância e no decorrer da existência ou reforçados sob a influência dos adultos, da cultura e da educação a que a criança é submetida. Eles costumam se repetir aos menores estímulos. Cabe à família anotar cada um deles para ajudar a criança a superar e a modificar os inadequados.

Vacinação Bioética:

Quando o sistema de educação for reformado em seu conteúdo, será possível fazer um tipo de vacinação bioética contra impulsos tais como os de agressividade, assassinatos (quando a agressividade se acompanha de desejos de matar verbalizados ou não), roubos, falcatruas, mentiras, traições..., tal e qual se aplicam vacinas contra as doenças infantis. A essa descoberta, que não vai dar prêmio Nobel a ninguém, podemos dar o nome de prática do Evangelho.

Os motivos que levam os pais a ignorar a qualidade dos impulsos dos filhos vão da pouca capacidade ao desleixo.

Alguns, durante existências consecutivas, decidiram continuar tão primatas que vivem apenas segundo seus próprios impulsos e nem os percebem. Outros já seriam capazes de perceber e reformar seus impulsos e não o fazem. Cobrar dessa maioria que lota os umbrais da vida é tarefa da própria consciência como disse o Mestre: *A quem muito for dado muito será pedido.*

Para ilustrar de que forma costumamos fugir da verdade e da realidade: crianças muito pequenas que arranham, puxam os cabelos, mordem e que batem nos demais sem mais nem menos são espíritos com fortes impulsos de agressividade que, se não forem corrigidos a tempo, irão parar na cadeia. Noutro exemplo: aqueles que sentem prazer em maltratar animais são espíritos bem atrasados na afetividade, caso não sejam ajudados eles vão sofrer, e pior ainda, vão fazer outras pessoas sofrerem muito, agravando seus débitos com a própria consciência.

Pessoas muito impulsivas são potencialmente perigosas para si próprias e para os outros.

Esse potencial impulsivo pode ser percebido e avaliado ainda na infância com muita facilidade.

A correção, se feita com inteligência e carinho, vai durar o tempo necessário nem mais nem menos, que pode levar meses, anos, uma ou várias existências, dependendo das capacidades desenvolvidas e do esforço em se reformar.

Os impulsos são as características da condição evolutiva do espírito mais fáceis de ser percebidas tanto pela intensidade quanto pela frequência com que se manifestam principalmente na infância.

Tendências

As tendências são impulsos mais elaborados e complexos transportados de existência a existência. Por serem de manifestação e percepção mais lenta exigem mais atenção e acuidade do observador.

Podem se manifestar tanto no corpo físico quanto permanecer no terreno do comportamento psicológico, emocional, na postura ética e moral.

Para compreendermos isso, vale a pena recordar que o homem habita várias dimensões ao mesmo tempo. Somos uma unidade evolutiva que se compõe de espírito, perispírito, corpo mental/emocional, duplo etérico, corpo físico.

Tendências físicas:

Normalmente, a constituição física obedece ao que se encontra registrado no DNA do perispírito como condição de evolução daquela alma ao longo de todas as suas existências.

A beleza ou falta dela, defeitos físicos, peso, altura, condições atléticas..., são características que representam as necessidades para a evolução do espírito.

Responsabilidade progressiva:

Existe uma sutil diferença na forma como nos apresentamos hoje: alguns já podem escolher suas provas para acelerar a evolução, outros ainda se encontram na condição de apenas se submeterem à Lei de Causa e Efeito.

Perante determinadas situações, especiais, não há correspondência direta entre os registros do perispírito que funciona como um molde e a realidade física.

Como exemplo, podemos citar passagens relatadas nos livros de André Luiz (um espírito confiável) com relação à prova da beleza física que determinados espíritos têm de sobrepujar durante a existência; nem sempre um belo corpo físico corresponde a um belo perispírito e o inverso também é verdadeiro.

Dar o valor certo às coisas certas:

Vale a pena alertar alguns pais que se preocupam demais com a estatura que o filho vai ter, com seu porte físico, com sua aparência, para que evitem perder tempo com preocupações de menor importância na evolução. As preocupações com a estatura são muito comuns e algumas crianças recebem tratamentos à base de hormônios que podem representar perigo para sua saúde futura. Sejamos lógicos, se houvesse a possibilidade de aumentar a estatura das crianças segundo a nossa vontade do momento, o ser humano já estaria passando dos cinco metros, pois muitos pais iriam querer seus filhos mais altos do que os sobrinhos, os filhos do vizinho, etc.

A personalidade é determinante na estatura final.

Ainda nem tanto lá nem tanto cá, mas aquele mote do "baixinho invocado" é real. Pessoas de estatura abaixo da média costumam ser mais rígidas nos conceitos, têm maior dificuldade em aceitar o novo, dificilmente mudam de opinião. Tenho conseguido resultados interessantes no meu trabalho de consultório com crianças de crescimento lento. A partir do momento em que colocamos tal ideia para refletirem, boa parte delas é rápida no raciocínio: voltam a crescer.

Muitos espíritos sofrem de alergia à responsabilidade:

Cuidado com crianças que retornam a comportamentos de fases anteriores, do tipo: voltar a usar fraldas, chupeta; retorno à fala infantil. Elas não querem crescer em responsabilidade – e daí o crescimento físico fica limitado. Algumas dessas não detectadas e ajudadas; na velhice voltam a usar fraldas.

Na Nova Terra permanecerão os fortes, poderosos na vontade, inteligência e ética.

Para crescerem em estatura moral e física as crianças devem ser estimuladas sempre a ousar, enfrentar o novo.

Conforme coloquei no livro *Quem ama cuida,* Ed. Petit – Nossos escritos são cada um deles uma página de um trabalho elaborado no além. (recomendo a leitura).

Um recurso pedagógico dos mais simples e fáceis é constituir nas regras da casa o dia da comida diferente – estilo vamos ver como comem os japoneses, hindus, chineses, alemães, etc. Permitir que a criança monte seu prato; escolha suas próprias roupas, etc.

Tendências para adoecer:

Ao nascer cada um de nós traz consigo certas predisposições para somatizar que podem ou não se concretizar durante a existência. Quase sempre estão relacionadas com o comportamento do espírito nas existências anteriores, com as devidas ressalvas de casos especiais.

O glutão de ontem e de hoje será o dispéptico na próxima existência.

O fumante será o que vai tender a sofrer de asma, bronquite, enfisema.

O maledicente sofrerá de forma crônica de problemas de garganta.

Atenção:

Muitas sequelas já começam nesta mesma existência e continuarão na próxima e até nas seguintes. É preciso que as pessoas saibam que a morte física não zera ou anula as dívidas do espírito consigo próprio nem com os outros, exceto naqueles indivíduos que tiveram uma existência muito útil (raros), entretanto, o que nós somos nesta dimensão da vida continuaremos a sê-lo na outra: mesmas doenças, tendências, impulsos, mesmo tudo...

Algumas tendências da criança em adoecer são inatas, outras foram incorporadas pela educação atual. Oportuno citar o problema da intoxicação a que as crianças estão submetidas pela dieta que o adulto lhe impõe. Alimentação excessiva, inadequada, viciosa – e outros desatinos educacionais que colocamos no livro *Pequenos descuidos: grandes problemas*, Ed. Petit.

Não ensine a criança a adoecer:

Procure, na medida do possível, tratar a criança doente como se estivesse saudável. Na doença, cuidado com o excesso de atenção, carinho e a permissão para não cumprir tarefas e obrigações. Pois, outro interessante problema é que as crianças aprendem com os adultos a gostar de ficar doentes, considerando-se o valor que a doença tem na nossa cultura.

As tendências das famílias de adoecer devem ser anotadas e comparadas com as da criança. Que fique claro que isso nada tem de condenação genética, sorte, azar ou destino; apenas são espíritos que apresentam algumas semelhanças. É preciso anotar as características de comportamento e da personalidade da criança e compará-las com as dos adultos. Observando com quem a criança se parece e tentando ajudá-la a corrigir o inadequado (reforma íntima), é possível evitar doenças e problemas que os adultos da família apresentam.

Compulsões

Compulsão é um impulso viciado que se repete mediante estímulo mínimo.

A compulsão mais branda pode ser rotulada de tendência. Esse impulso doentio é uma marca registrada do candidato a ser humano que descobriu as sensações e os prazeres (especialmente os relacionados com a gula e a sexualidade) e que tenta de toda forma perpetuá-las, como se isso fosse possível.

Uma das formas das compulsões se manifestarem no corpo físico costuma ser por meio de tics ou cacoetes. Quando eles surgem bem visíveis na criança na forma principalmente de obesidade é hora de se prestar mais atenção. É uma forma subconsciente que ela usa para pedir socorro.

A obesidade e as doenças alérgicas são o grito de socorro que as famílias não querem ouvir... PERSONALIDADE.

Para quem já alargou sua visão a respeito de quem somos e o que fazemos aqui fica mais fácil compreender que a personalidade de uma pessoa é o conjunto de aquisições que o espírito usa para se manifestar.

Somos todos um, mas cada um é cada um.

Parte do que somos hoje foi conquistado em existências anteriores e é o que chamamos de características inatas da personalidade, que nada têm de herança genética, exceto quando nosso próprio espírito foi o antepassado; nada impede que eu tenha sido meu bisavô, por exemplo. Tanto as características da nossa personalidade que chamamos de qualidades quanto as que denominamos defeitos são conquistas de cada um.

O DNA cultural tem seu papel e peso específico.

Claro que nos influenciamos uns os outros de forma contínua e intensa. Na formação da personalidade presente ou atual sofremos influência do meio ambiente em que fomos criados e vivemos.

Não é sem motivo que temos uma infância muito prolongada e dependente, diminuindo dia a dia. Em breve as crianças da Geração Nova nascerão falando.

A finalidade da infância temporal é receber uma educação capaz de estimular o espírito a mudanças na forma de pensar, sentir e agir.

A parte da personalidade inata que representa as conquistas boas ou não daquele espírito que recebemos como filho começa a se manifestar de forma gradativa junto com os impulsos, com as compulsões e tendências que se manifestam primeiramente. Durante a adolescência o espírito reassume o controle total de suas capacidades já conquistadas para determinar o que vai fazer nesta dimensão da vida com o que trouxe ao nascer como bagagem, misturado ao que recebeu nesta existência como educação e influência.

Quem a Criança Adotou como Modelo?

Antigamente, até mais ou menos os três anos de idade toda a relação da criança consigo própria e com o exterior se fazia através do subconsciente que funciona mais ou menos como um gatilho a disparar reações e um "scanner" de computador muito potente que absorve com constância tudo que está ao redor da criança. Essa capacidade de absorção é tão poderosa que filhos adotivos depois de alguns anos assumem as feições de quem os adotou. O subconsciente da criança vai copiar ou absorver muita coisa do padrão de atitudes dos adultos com quem convive. É lógico e natural que a criança se identifique mais com determinada pessoa e passe a adotar parcialmente seu padrão de pensar, sentir e reagir. "Filho de peixe peixinho é" – conforme coloquei no livro: *Jogos de Amor*, Ed. Butterfly.

DNA cultural.

Quando dizemos que uma criança é a cópia do pai, da mãe ou de algum outro membro da família, que ela herdou seus traços de personalidade, estamos nos referindo exatamente a esse mecanismo subconsciente, que não tem relação com transferência genética de uns para os outros, o que seria uma crueldade da natureza. Mas, isso vai ser fixado no DNA astral.

O conjunto dos motivos que leva a criança a adotar mais um do que outro como modelo explica-se com mais facilidade quando não esquecemos que somos antigos espíritos em evolução; as relações de semelhança, de afinidades e de antipatia é que comandam o processo.

Estudo dos modelos familiares:

Um bom exercício para o conhecimento de nós próprios, detalhado no livro *EU SOU – uma proposta de transformação interior,* Ed. EBM:

Com quem me pareço?

O adulto deve estudar quem foi seu modelo familiar e ficar atento com relação ao que a criança está copiando.

Lentamente e com cuidado isso deve ser repassado a ela, sem nenhum tipo de crítica – De que forma? Da mais inteligente e simples possível: basta começar realçando sempre os comportamentos positivos que ela copiou.

Menos discurso e mais ação.

Nada substitui o exemplo: é sempre útil mostrar comportamentos que o próprio adulto copiou da sua família para que a criança comece a perceber si própria e os seus modelos de forma natural e serena.

Afinidades e Antipatias

Meu bem meu mal?

Espíritos amigos e afins, de Eras passadas, sentem atração e desejam estar juntos ou próximos; já os que se antagonizaram no passado continuam em processo de atração compulsória até que aprendam a transformar aversão ou antipatia em amizade, simpatia ou até mesmo em amor.

Bicudos não se bicam.

Ainda que as personalidades com defeitos de caráter parecidos tendam a se repelir com a ajuda do efeito espelho: um mostrando ao outro sua imagem mais real e que tenta camuflar ou esconder. Quando sentimos forte aversão por outra pessoa a indicação mais clara é que as relações do passado precisam de correção urgente (*Aproveita enquanto estás a caminho com teu inimigo e reconcilia-te com ele...*, disse Jesus).

Diz-me com quem andas e te direi do que precisas.

Estudar o perfil psicológico e o conjunto das atitudes mais habituais das pessoas que são simpáticas e das que são antipáticas aos nossos filhos pode ser um recurso auxiliar muito bom para se melhorar a compreensão das necessidades evolutivas de seu espírito. Nunca é demais relembrar que estudar as pessoas não é julgá-las nem criticá-las, muito menos verbalizar as conclusões tiradas; o resultado desse tipo de atitude todos nós já conhecemos de cor e salteado.

Devemos fazer a mesma coisa conosco: avaliar a personalidade de nossos amigos e de nossos desafetos, isso é uma forma simples e fácil de perceber quem somos e a quantas andamos em termos de evolução espiritual (*Diz-me com quem andas habitualmente e com quem te identificas que eu te direi quem és...*).

As Identificações da Criança

À medida que o tempo passa a criança vai definindo seu padrão de se identificar com coisas, situações, grupos e pessoas. O estudo desse conjunto pode fornecer importantes pistas que ajudem a mapear tendências e predisposições atuais e futuras.

O espírito mostra através de: com o que, quando e como se identifica, além de com quem está em sintonia o seu grau e evolução.

Um pouco de atenção a pequenos detalhes que se repetem pode ajudar a evitar dores de cabeça futuras tanto para a criança quanto para sua família.

Situações corriqueiras podem oferecer pistas (*Onde há fumaça há fogo...*, diz o ditado popular).

- O gosto pela comida: a quantidade, a forma como come.
- As preferências musicais.
- A maneira de se vestir.
- Os assuntos prediletos.
- Os tipos de brincadeiras mais frequentes.
- As diversões preferidas.
- O palavreado costumeiro.
- Os tipos de amigos que se repetem.

Nem tudo são fases passageiras, mudam apenas os adereços, mas o problema continua.

Quarta Parte

Capítulo 4

A Prática

- Como engajar a criança na reforma íntima
- Maneiras de compartilhar
- Instruir evangelizando
- Recursos pedagógicos passivos e ativos

Como Engajar a Criança na Reforma Íntima

Prroveeeee....

Nenhuma observação ou anotação que o adulto tenha feito, acerca do espírito que neste momento está na condição de infância em idade cronológica, servirá para alguma coisa, caso não se consiga provar a ele que não está em julgamento nem sendo criticado; apenas, é mais inteligente e prático para todos nós mudar o padrão de atitudes segundo nossa vontade do que para fugir do sofrimento.

Quando a criança começar a compreender que pode e deve controlar uma parte de seu próprio destino, boa parte do trabalho de evolução nesta existência já terá sido feito.

A participação do adulto é fundamental, no entanto, os erros mais comuns devem ser evitados:

– Apenas palavras não educam nem transformam ninguém.

Tudo que precisar dizer diga com poucas palavras. Sempre na hora certa, nem antes nem depois, apenas no exato momento em que as coisas acontecem. Palavras sempre devem ser seguidas de atitudes e exemplos. Melhor ainda quando os exemplos vêm antes das palavras.

– As regras sempre devem ser seguidas.

As regras da casa devem estar alinhadas às leis que regem a evolução do homem e devem ser cumpridas sem exceções. Regras não podem estar atreladas a conceitos emocionais nem afetivos. Permitir ou negar não deve estar associado a gostar ou não.

– Disciplina é um conceito fundamental para que a criança se engaje.

– Sem respeito não se consegue nada. Nem existe o amor.

É absolutamente necessário o cuidado de não recriminar a criança com palavras e principalmente com atitudes; desprezar ou ignorar a criança pode ferir muito mais do que o palavreado. Nunca compará-la com outras. Devemos tentar sempre oferecer aos outros o mesmo respeito que a vida nos oferece.

– A evolução é gradual.

Aprender a respeitar o ritmo particular de cada um, além de respeito, indica inteligência e capacidade de discernir.

– A decisão de se modificar deve partir da própria criança.

– Não se deve tolher as experiências que o espírito queira fazer na infância com medo que ele venha a sofrer, porque ele vai tender a repeti-las na vida adulta de forma mais sofrida e perigosa.

Cabe ao adulto ajudar a criança a descobrir que a reforma íntima pode mudar o curso dos acontecimentos presentes e futuros. De tal forma que ela mesma decida se muda ou se continua na mesma.

Maneiras de Compartilhar

Nem pedi para nascer!

De forma consciente, para a condição cronológica atual, neste plano da vida e neste instante a criança não pediu ao adulto para que ele comande sua reforma íntima. Ele assume o comando por sua conta e risco.

Revisando:

A melhor postura no início do processo é convidar e estimular a criança a compartilhar da reforma íntima do adulto, a dar suas opiniões e sugestões.

Além disso, deve-se pedir à criança que ajude a fiscalizar as metas de mudança, e nunca o agradecimento deve ser esquecido. Um *obrigado meu filho pela lembrança de que a intolerância ainda mora na minha intimidade* pode representar um forte estímulo à reforma íntima de todos que ouviram.

A compreensão de que algo deve ser mudado na própria intimidade da criança vai surgindo aos poucos e se fortalecendo de forma natural e espontânea. A tendência é que ela, pela própria vontade, resolva chamar o adulto para ajudá-la nessa tarefa. Desse momento em diante, a eficiência aumenta de forma significativa e a qualidade de vida de todo o grupo familiar melhora e muito.

Não adianta tentar impor nada para outro espírito esteja ele na condição de adulto ou de criança. Se Deus nos dá a liberdade de progredirmos segundo o nosso desejo e da forma que escolhemos, quem pode tentar tirá-lo sem pagar um alto preço por isso?

Exemplos de como desenvolver esse trabalho:

1. Estudo de situações vividas pelo adulto, que de certa forma foram geradas pela sua personalidade e atitudes, e a análise de suas consequências, bem como o estudo das melhores formas de se corrigir.
2. O adulto deve solicitar à criança ajuda para melhorar seu autoconhecimento de tal forma a tornar isso um fato corriqueiro e se possível alegre e prazeroso.
3. Não se justificar nem se desculpar nunca quando for flagrado por outras pessoas ou pela criança repetindo os mesmos erros.
4. Demonstrar perseverança, com alegria de tentar melhorar-se sempre.
5. Nunca culpar os outros pelos próprios erros.
6. Evitar verbalizar comentários e críticas a pessoas ausentes.
7. Jamais polemizar. Há momentos de falar e momentos de calar.

Instruir Evangelizando

Na sociedade adepta da teoria do levar vantagem em tudo:

A TV e os meios de comunicação nos mostram que parece impossível no mundo em que vivemos a tarefa de instruir dentro das bases da ética e da moral que correspondam às leis que regem a evolução do homem, mas não é.

Exemplo: a busca da instrução

Conforme colocamos no livro projeto, em desenvolvimento: EDUCAR PARA UM MUNDO NOVO:

Na hora de procurar escola para a instrução dos filhos deve-se buscar alguma cujos dirigentes e professores demonstrem preocupação com os destinos do homem e com a evangelização das crianças.

Na atualidade busca-se apenas a aparência da escola e a sua fama de aprovar mais alunos no vestibular do que as outras. Os pais costumam ser sabatinados para provarem que têm condições financeiras de manter seu filho na escola. Eles se esquecem de fazer o mesmo e de estudar e avaliar se a instrução que seus filhos irão receber virá acompanhada de conceitos do Evangelho e se seus diretores e professores tentarão aplicá-los em si próprios.

Buscar a melhor forma de instruir as crianças cria um paradoxo e um conflito: como educar uma criança para se tornar um ser caridoso, amoroso e cooperativo quando ele tem de sobrepujar seus amigos no dia a dia das provas, dos vestibulares e na concorrência pelas melhores vagas de trabalho? Responder a essa questão não é fácil nem difícil, depende apenas de saber o que se deseja da vida. Qual o grau de importância que damos ao que é perecível e ao que é nosso tesouro para sempre.

Recursos Pedagógicos Passivos e Ativos

Cada pensamento, sentimento e atitude do homem geram um campo eletromagnético que atrai pessoas e desencadeia acontecimentos para trazer de volta possíveis situações mal resolvidas, que dependem das escolhas de cada novo momento para criar equilíbrio e progresso ou manter e até agravar o desajuste anterior.

O fluxo da vida ou destino é um manancial incrível de fatos pedagógicos a mostrar a cada um o caminho mais adequado a percorrer para conquistar as qualidades que faltam, a reparar os prejuízos e a corrigir os erros do passado. Basta apenas melhorar a qualidade da atenção que se dá aos fatos (é na atenção que se dá ao fluxo do destino que se encontra na mais absoluta pureza a essência da colocação de Jesus: *Vigiai e orai...*).

Forma passiva ou subconsciente de progredir:

A criação é tão perfeita que tudo caminha para o progresso e a evolução quer tenha ou não consciência disso, do mineral ao homem.

Como funciona no candidato a ser humano:

A partir do momento em que conquistamos o raciocínio contínuo ou capacidade de discernir, escolher, intervir e criar nós assumimos de forma gradual a responsabilidade pelas nossas criações.

A Lei de Causa e Efeito ou lei de responsabilidade universal é um recurso pedagógico da maior importância e eficácia.

Pois, em razão da condição evolutiva mais ou menos precária da maior parte de nós, o sofrimento e a aflição, gerados a partir das escolhas mal feitas ou que contrariam as leis de amor e de harmonia, ainda são os recursos mais simples, práticos e eficazes que podemos usar para progredirmos (*Bem-aventurados os aflitos... disse Jesus*).

Conforme coloquei no livro *Saúde ou doença: a escolha é sua*, Ed. Petit:

Doenças, aflições, sofrimentos e tragédias <u>sempre</u> trazem consigo maravilhosos ensinamentos para quem se dispuser a aprender. Para quem se dispuser a aprender..., nesse detalhe, encontra-se a chave do progresso ou do atraso, da alegria ou da dor.

Ao se procurar <u>resolver</u> uma situação interpretada como sofrer é preciso tentar entender quais os recados que ela traz ao espírito. Antes, é preciso que fique muito claro que <u>resolver</u> não é adiar, transferir, procrastinar. Esse tipo de atitude quase sempre traz a situação de volta um pouco mais complexa, dia menos dia.

Frente a uma aflição atual temos as seguintes possibilidades de atuar:

Quanto à ação:

Podemos agir, não agir ou reagir.

Quando decidirmos pela opção de não agir também agimos, pois tomamos a atitude de esperar para ver o que acontece. Nessa opção, a de não agir, podemos optar por deixar a situação progredir por si mesma seguindo o curso do destino ou até entregar a tarefa aos outros para que decidam, no entanto, quem sofre os efeitos é o inerte, embora a responsabilidade pelas consequências seja no futuro dividida segundo o conhecimento, os interesses e as intenções tanto da vítima incapaz ou preguiçosa quanto do que tomou para si a responsabilidade de resolver o problema.

Na opção de reagir sem tentar pensar é que causamos os maiores estragos ao nosso destino. E, essa é a forma que mais usamos no dia a dia. Quando apenas reagimos frente às aflições, nós o fazemos como se fôssemos um elefante se movimentando em uma loja de cristais; depois, é só catar os cacos, eternidade afora...

Quando resolvemos agir, os resultados dessa atitude dependem do grau de discernimento e de compreensão das leis da vida que cada um já atingiu. Quando agimos, podemos fazê-lo de forma correta e resolver a aflição, ou podemos piorar a situação futura. Apenas pensar não resolve o problema; é preciso aprender a pensar e alinhar as consequências que cada escolha traz.

Onde se fará a ação:

Dentro de nós ou fora?

Na verdade, qualquer ação que se desencadeie na nossa intimidade vai afetar a vida das outras pessoas, sempre. Fazemos parte de um todo, e a compreensão dessa verdade absoluta – somos todos irmãos, filhos de um mesmo Pai – é capaz de mudar o curso do destino de cada um e de todos ao mesmo tempo.

A evolução é um processo interativo. Quando pensamos, sentimos e agimos fazemos escolhas que afetam a Humanidade toda, uns mais e outros de forma quase imperceptível.

O ensinamento que podemos retirar quanto a agir de forma ativa ou passiva das ocorrências do dia a dia, é que o homem está fadado a agir sempre, mesmo quando imagina não fazê-lo.

Pois, quando pensa sempre está embutido nesse pensamento um tipo de ação. O pensamento é o vir a ser. Como o espírito pensa vinte e quatro horas por dia, faz escolhas o tempo todo também.

Quando a escolha é agir ao invés de reagir ou não agir, a tendência inicial é que procuremos mudar o meio ambiente, as situações ou que tentemos reformar as pessoas. O motivo é que imaginamos que o problema esteja fora de nós. Queremos crer que a origem de nosso mal-estar, de nosso sofrer, da infelicidade e das tragédias encontra-se fora de nós e não é nossa responsabilidade. Somente a partir do momento em que passamos a compreender as leis da vida e a aceitá-las é que assumimos a responsabilidade sobre nossa forma de pensar, sentir e agir, desencadeando o processo da reforma íntima.

Progresso ativo ou reforma íntima:

A descoberta de que a dinâmica dos acontecimentos da nossa vida atual é fruto das nossas escolhas do passado próximo ou remoto é o gérmen da reforma íntima ativa. Ontem foi a causa; hoje são os efeitos e daqueles que não gostamos ou que interpretamos como sofridos; basta que modifiquemos suas causas, dessa forma reformando-os. Pois, da mesma forma que ontem foi causa e hoje é o efeito; hoje será a causa do efeito amanhã, e assim sucessiva e eternamente.

Exemplo: a única maneira de se anular o ódio é o amor.

Onde buscar a verdade que nos libertará?

Não há segredo nem iniciações para perceber as leis que regem nossas vidas, isso sempre esteve e sempre estará ao alcance de quantos queiram observar, compreender e praticar.

Para que nossa reforma íntima seja simples e eficiente vale a pena recordar, recordar e recordar que:

- Somos espíritos problemáticos e endividados pelas escolhas inadequadas e que não estamos aqui a passeio, mas a trabalho.
- Nem todas as nossas provas e dificuldades atuais têm a ver com nosso passado problemático e ocioso. Muitas são escolhas de progredir conscientes e planejadas com antecedência, antes de retornar.
- As tarefas mais cobiçadas: beleza, riqueza, poder, fama são as tarefas nas quais mais costumamos falhar ou nos endividar.
- Não existimos para sofrer, mas para sentirmos alegria e prazer em nos tornarmos criaturas cada vez mais evoluídas e enquadradas nas leis que regem o progresso e o amor.
- A interpretação de sofrer é um tipo de paranoia da qual devemos nos curar. O remédio mais eficaz é o estudo e a aplicação do Evangelho.
- Podemos interferir e interferimos sempre na vida uns dos outros como disse Jesus na analogia do fermento que leveda a massa. É absolutamente necessário que vistoriemos, em todo momento, qual a qualidade das influências que nós produzimos nos demais. São boas ou más?
- Nenhum espírito pode evoluir pelo outro. Portanto, copie Deus, Jesus e todos os outros grandes espíritos. Faça como Eles: não queira reformar os outros, reforme-se a si próprio, pois isso basta. Respeite o próximo como Eles nos respeitam.

Supondo que já estejamos cientes do EU SOU:

Um exemplo de metodologia simples para a reforma íntima:

Antes de se iniciar um trabalho de reforma íntima ativa é preciso que algumas questões estejam bem resolvidas, caso contrário, é melhor nem começar e apenas ir "rolando" a vida, chorando, sofrendo, reclamando, pedindo misericórdia...

De início as seguintes questões básicas devem ser respondidas:

– ***Por que mudar?***

Conhecer os motivos com clareza e honestidade é fundamental.

– ***Para quê?***

Quem desconhece o que almeja como meta para começar um trabalho deve se preparar melhor para depois iniciá-lo.

– ***Como iniciar a mudança?***

De boas intenções e metas maravilhosas o inferno está cheio, como diz o povo. Embora seja necessário, não basta querer, é preciso saber como se faz, e persistir tentando.

– ***Quem deve mudar?***

Um dos grandes e graves erros é querer mudar os outros. A tentativa de reforma que predomina é a de mudar os outros. Mesmo na reforma da criança quem vai definir e resolver é ela mesma com a ajuda ou não do adulto.

– ***O que mudar?***

Definido que quem deve mudar é o próprio indivíduo, a próxima fase é definir as metas de mudança que dependem de:

Conhecimento de si mesmo.

A técnica mais simples é estudar as ocorrências que se repetem no cotidiano segundo a lei de retorno do que irradiamos. De cada pequeno acontecimento da história de nossa vida é possível desenvolver o estudo de nossas tendências, impulsos, compulsões e personalidade. O recurso mais prático para saber quem somos é usar o que chamamos de dor, problema ou dificuldade. Quando acusamos essa sensação ou interpretamos um fato dessa forma, é como se uma campainha tivesse tocado. É um chamamento. É hora de se recolher intimamente e avaliar de que forma pensamos, sentimos e agimos nos últimos tempos. É hora de observar com cuidado o retorno do que irradiamos. Para facilitar nosso trabalho, é mais fácil primeiramente observar o que ocorre com os outros, pois quando observamos a nós próprios, o campo emocional costuma embaçar o raciocínio e desvirtuar a capacidade de julgar e de discernir. O passo seguinte é confrontar nossa forma de pensar, sentir e agir com o da pessoa observada e depois trazer para nós próprios. O que se observa é que:

- A ajuda para o impaciente e apressado é a demora.
- O orgulhoso traz sempre para si as mais diferentes humilhações.
- O ciumento é traído de todas as formas para aprender que nada nos pertence exceto nosso destino e nossa evolução.
- Ao avarento um prejuízo após o outro, e assim sucessivamente.
- Para cada defeito de caráter atraímos as pessoas, situações e acontecimentos necessários.
- Para cada doença da alma a vida tem sempre o remédio correto, na dose certa e no momento exato.

Muitos outros recursos podem ser usados para autoconhecimento: A opinião dos outros a respeito de nossa pessoa pode ser de grande valia, em especial as críticas e o que dizem longe de nós. Conforme colocado no livro *Saúde ou doença: a escolha é sua* a localização de nossas doenças no corpo físico dão pistas muito claras de nossos defeitos de caráter. A psicanálise é um recurso fabuloso, pois uma pessoa alheia às nossas emoções e desejos nos percebe com muito mais clareza e pode indicar soluções possíveis. O mapa astral dá dicas muito claras da personalidade de cada pessoa, etc. Recursos é que não faltam para todos os tipos e gostos.

Metas

As metas devem ser em curto, médio e longo prazos. Todas alinhadas às leis que regem a evolução do homem. Boa parte das pessoas na atualidade parece um cachorro correndo atrás do próprio rabo, pois não sabe o que quer para si, e quando sabe, tem metas muito primárias, sempre centradas no tesouro que o ladrão rouba e a traça corrói.

Planejamento

A mudança sempre deve começar pela característica mais simples e fácil de ser erradicada. Em seguida, procede-se ao estudo das que trazem efeitos mais danosos e sofridos na atualidade.

Os recursos disponíveis devem ser conhecidos. Também na vida temos mania de usar um aparelho sem ler o manual de instrução.

Metodologia

O método a ser usado pode ser criado segundo as necessidades individuais ou pode ser usado um modelo. É importante que o modelo seja compatível com as capacidades já desenvolvidas pela pessoa. Em virtude da nossa condição evolutiva atual não adianta simplesmente querermos copiar um Jesus, um Paulo de Tarso, um Chico Xavier, pois seria uma meta impossível de atingir na atual existência.

Embora a postura deles signifique metas mais avançadas, quase fora do nosso alcance, embora possíveis; se os modelos estiverem mais próximos da nossa realidade e das nossas capacidades atuais a resposta será mais pronta e eficiente – uma fórmula fácil é a de propormos a nós próprios pequenas metas de mudanças diárias que devem ser atualizadas dia a dia – como fez aquele espírito problemático da Antiguidade, conhecido como Agostinho e que depois desse trabalho simples e persistente hoje é conhecido entre nós como Santo Agostinho.

Execução

Ao começarmos a agir segundo o planejamento feito, é preciso que lembremos que cada um tem o tempo certo para automatizar novas posturas, atitudes e comportamentos. Cada um de nós tem seus limites de mudanças possíveis durante uma existência. Toda a tarefa de mudança deve ser executada com alegria e prazer, caso contrário, o rendimento será ineficiente e o resultado pode ser até o contrário do previsto.

Reavaliações periódicas

Não adianta sairmos feito doido executando o planejado, é preciso reavaliar periodicamente como estamos nos saindo. Uma armadilha que criamos para nós próprios são as desculpas e as justificativas, é preciso evitá-las desenvolvendo a honestidade íntima.

Para começar, o melhor intervalo de reavaliação é um dia. À noite planejamos as mudanças possíveis para o dia seguinte. No decorrer do dia, tentamos estar alertas e é bom anotar tudo que seja possível para o balanço da noite. Novamente à noite reavaliamos o dia e projetamos novas metas e tentativas para o dia seguinte. O passo seguinte é que cada situação seja avaliada em seguida ao acontecido. E a meta final – que sejamos capazes de antever os resultados da ação enquanto ela ocorre, para criarmos os tipos de efeitos desejados.

Dois exemplos de reforma íntima simples e bem-sucedida nós encontramos na vida de Santo Agostinho e na de Benjamim Franklin (recomendamos a leitura).

Resumo da reforma íntima na criança:

Na sua fase inicial o aprimoramento ativo e inteligente do espírito, que se encontra na condição atual de criança reencarnada, depende da boa vontade e da condição de discernir dos adultos que com ela convivem. Esse foi o motivo pelo qual usamos tanto espaço do livro para relembrar aos adultos como funciona a vida do homem e que a única maneira de engajar a criança em um processo de reforma íntima ativa e inteligente é aprender a compartilhar com ela a própria tentativa de se modificar.

O adulto deve ficar "ligado" para evitar o desperdício.

Estudados os impulsos, tendências, compulsões e as características principais da personalidade daquele espírito é preciso que não se desperdice os recursos pedagógicos naturais que nos chegam sempre através da lei de sintonia. Adultos atentos conseguem sempre mostrar à criança a relação direta entre ela (o conjunto de seus impulsos, tendências e características da personalidade) e os acontecimentos de sua vida.

Para cada doença da alma a vida tem o remédio infalível.

Conforme coloquei no livro *Saúde ou doença: a escolha é sua* – no capítulo: "Porque as crianças adoecem".

É preciso que o adulto mostre à criança que para cada defeito de caráter ou doença da alma a natureza, através da lei de sintonia, tem o remédio adequado, sempre na hora certa e na dosagem correta. Os veículos desse remédio podem ser: acontecimentos, situações, pessoas. E que da mesma forma que os outros servem de ferramenta para nos aprimorar, nós também podemos fazer o papel da "mala sem alça" na vida das outras pessoas com o peso de nossos defeitos de caráter.

Valioso repetir alguns exemplos de doenças da alma e seus remédios naturais.

Para:
- O orgulho, as humilhações.
- A avareza, sucessivas perdas.
- Ciúmes, traições de todos os tipos até que o indivíduo perceba e aceite que não é dono de nada nem de ninguém, exceto de seu próprio destino.
- Para a pressa e a impaciência, demora de todos os tipos.
- Intolerância é curada pelas pessoas de raciocínio precário e sem lógica.
- Mágoa, as grosserias.
- Ansiedade, a pressões de todos os tipos e as frustrações.

Tipos de cura para as doenças da alma:

A criança deve incorporar ao seu banco de conhecimentos que o aprimoramento do homem ou a cura das doenças da alma pode ocorrer de duas formas básicas: do jeito difícil e sofrido ou do jeito simples e alegre. A forma mais sofrida é aquela em que o indivíduo se submete integralmente à Lei de Retorno ou de Causa e Efeito. Para os que optaram por esse caminho, ele pode ainda ser reforçado pelas atitudes de ódio, vingança e retaliação. Outra forma mais branda é aquela em que a pessoa já tenta se conhecer e mudar de forma ativa, mas brigando o tempo todo contra seus defeitos. E a forma mais simples e alegre é o método de desenvolver as qualidades que ainda não possuímos com alegria e prazer.

O adulto deve impedir que a criança aprenda o mecanismo das desculpas e justificativas:

Todo mundo faz. Por que eu tenho de ser diferente dos outros? Na casa de fulano é diferente. Você fala dos outros e faz tudo errado. Você também faz. Você é o pior. Eu gosto e pronto. É problema meu.

Atitudes de teimosia e desafiadoras indicam claramente que os adultos estão sendo incompetentes ou falam demais e não fazem nada.

Os pais devem se preparar para responder a essas perguntas e para rebater com clareza, inteligência e honestidade a essas desculpas, fugas e justificativas. Toda autoridade que o adulto consegue sobre a criança depende sempre de conquistas pessoais e nunca nenhuma autoridade se consegue com agressões, intimidações, surras ou castigos.

Cuidado com as agressões:

Se você não se esforçar para controlar seus impulsos ao pensar em agredir uma criança, ela já foi agredida. Quando fixamos nosso pensamento/sentimento em alguém, acabamos de lhe mandar um e-mail virulento e danoso. Para a maioria das pessoas, isso vai ocorrer muitas vezes. A forma correta de lidar com isso é mostrar à criança a atração e a sintonia entre o defeito de caráter dela e o nosso. A resolução vem da nossa reforma íntima e não da reforma íntima da criança. Como disse o Mestre Jesus, quem muito tem mais deve oferecer.

Quinta Parte

Capítulo 5

Exemplos de Situações Comuns

Dos acontecimentos do dia a dia cada leitor pode retirar dezenas de exemplos. Sejam eles particulares e íntimos ou do estudo dos acontecimentos da vida de outras pessoas. Embora seja mais fácil e menos sofrido aprender com os erros dos outros do que com os nossos, alguns cuidados precisam ser tomados quando usamos o próximo para aprender. Cuidado com os julgamentos comparativos, com a maledicência, a calúnia, a vingança camuflada, etc. Se um dia precisar de exemplos alheios para mostrar alguma lei da vida à criança, tome muito cuidado com essas recomendações e deixe também bem claro que, se fosse você na situação do outro, é possível que errasse mais ou fizesse pior.

As dicas de soluções aqui colocadas representam apenas a forma de perceber a vida do autor e de outros espíritos encarnados e desencarnados que externam sua forma de ver e sentir a vida de forma parecida; mas não representam a verdade absoluta.

O leitor deve buscar sempre as próprias soluções que atendam às suas necessidades do momento.

A maior parte dos problemas existenciais do indivíduo que se caracteriza como má qualidade de vida origina-se sempre da pobreza de evolução do espírito e é sinalizada desde a gravidez, durante a infância e adolescência. É claro que parte das nossas dificuldades foi aprendida ou reforçada pela educação recebida e pela influência do meio ambiente em que fomos criados.

Durante a gravidez:

As dificuldades e sintomas físicos que ocorrem durante a gestação derivam em parte das dificuldades da relação entre mãe, filho e família, desde processos relacionados com existências passadas à recusa do espírito em reencarnar nas condições que se fazem necessárias para o seu progresso e o dos outros familiares. Muito comum é a recusa materna a um fato consumado (gravidez) e não aceito integralmente por ela apenas por contrariar seus interesses e objetivos do momento sem qualquer relação com fatos passados.

Solução:

Para que se tenha sucesso, é condição básica relembrar que a criança em gestação é um espírito antigo e que retorna com um conjunto de tarefas a serem executadas, defeitos a serem corrigidos e qualidades já conquistadas para serem reforçadas. Nesse momento, durante a concepção e a gestação encontra-se o espírito em estado de semiconsciência, pouco a pouco desperta para o grau de consciência que lhe será possível atingir durante a existência.

Essa é uma fase muito boa para se conversar com o espírito tanto em pensamento quanto em palavras para facilitar sua adaptação à nova existência e introduzi-lo às tarefas do grupo familiar.

É preciso que a mãe trabalhe a aceitação da situação com muita vigilância e oração; e não importa que em uma primeira fase o coração não seja avalista da razão, basta perseverar e sempre "dialogar mentalmente" com o espírito que está retornando, posicionando-o no seu devido lugar com muito amor, doçura e energia. Exercitar de forma contínua o perdão na relação com ele. A mãe deve desfazer qualquer sentimento de culpa em relação a como se "comportou" ao saber que estava grávida.

Após o nascimento:

O bebê demonstra com facilidade os impulsos mais fortes do espírito.

Exemplos:

A impaciência é demonstrada pela forma de chorar na hora da fome ou do desconforto acompanhado da movimentação de braços e pernas.

A intolerância leva a berrar tanto que acorda a vizinhança, e é capaz de ficar roxo ou até de "perder o fôlego".

O ansioso e "carente afetivo" faz do seio da mãe uma chupeta. O medroso e inseguro não tolera ficar só.

À medida que o desenvolvimento da motricidade vai se completando, os impulsos de agressividade, se ainda fizerem parte do padrão de impulsos daquele espírito, vão se delineando mediante puxões de cabelo, tentativa de bater, morder, arranhar.

Não é difícil diferenciar o agressivo primário doentio do agressivo inseguro. Nos primeiros, a agressividade é desencadeada por simples contrariedade dos desejos mais imediatos, ou à toa, apenas para marcar posição de domínio ou delimitar seu território; no segundo caso, a agressividade se manifesta apenas quando o espírito se sente ameaçado nos interesses ou na sobrevivência.

O medo significativo associado à ansiedade doentia e inquietude sinaliza tendência ao pânico na idade adulta.

O mutismo e a pouca reação aos estímulos ambientais pode ser um aviso de que aí se encontra um futuro deprimido.

Criança que se esgoela de tanto chorar e logo que é levada ao colo para de chorar e até sorri indica algumas possibilidades de desvios de caráter do espírito a serem comprovados ao longo da infância: medo doentio, carência afetiva do espírito sem relação alguma com essa existência, temor de ser abandonado novamente; tendência à mentira, a usar a chantagem (embora a mentira e a chantagem sejam elaborações de certa forma planejadas e conscientes, as tendência de elaborações mentais que o espírito já traz podem manifestar-se de forma impulsiva ou compulsiva mesmo antes de começar essa fase na existência atual), tendência a manipular as outras pessoas, etc.

Na hora da comida, no excesso, é preciso diferenciar o compulsivo ansioso do glutão egoísta que quer tudo para si.

A aversão ao leite materno é um forte indício de problemas de relação entre mãe e filho no passado.

A anorexia sistemática do bebê pode sinalizar uma tendência do espírito ao suicídio.

É preciso monitorar essa gravíssima tendência espiritual ao longo dos anos, se novos e diferentes indícios de desvalorização da vida se manifestarem. Também é preciso diferenciar a anorexia crônica do apetite seletivo, da má qualidade da educação alimentar recebida ou de alguma doença orgânica em andamento.

O desejo de ingerir apenas alimentos líquidos indica forte tendência à preguiça e indolência.

A necessidade de ingerir líquidos após o alimento, na criança maior, indica que ela está comendo sem ter fome, apenas para satisfazer os desejos do adulto, e sinaliza, dentre outras coisas, o medo de desagradar e não ser aceito ou amado.

Crianças que só comem se o alimento for dado na boca, quando já são capazes de comer sozinhas, sinalizam futuras pessoas dependentes e "folgadas".

Crianças que, quando em grupo, só brincam com os brinquedos dos outros, com medo de gastar ou de quebrar os seus, indica ser pessoas egoístas ou avarentas.

Os que, além disso, tendem a ser agressivos e a quebrar os brinquedos dos outros, durante as brincadeiras, são maldosos e sempre tentarão "destruir" os outros ou diminuí-los para se evidenciarem ou se sentirem melhores e vencedores.

As que maltratam animais sinalizam agressividade e maldade como fortes características do espírito.

Amigos do alheio.

Os que pegam escondidos objeto e brinquedos dos outros indicam forte tendência para o roubo e as falcatruas, caso tenham oportunidade durante a existência.

Pequenas mentiras: grandes desastres.

Os que mentem seguidamente são espíritos mentirosos que desenvolveram essa tendência durante muitas existências. Quando o fazem para levar vantagens, podem derivar mais tarde para escroques, falsários, etc.

Crianças pequenas que manipulam os genitais de forma precoce e doentia sinalizam espíritos com intensos e graves desequilíbrios na área da sexualidade.

Crianças birrentas indicam espíritos com grande dificuldade em aceitar ordens e de se enquadrar nas leis da vida. Caso elas não se apresentem mais flexíveis costumam tornar-se adultos com problemas de artrose ou com sequelas de acidente vascular cerebral.

Dicas de solução:

Observar com cuidado

Cada ser humano é um universo único e, embora na infância as características da personalidade sejam mais facilmente destacadas umas das outras, encontram-se misturadas (tipo: medo com ansiedade, impaciência com intolerância, insegurança com agressividade, etc.). Os mais fáceis de perceber são os impulsos primários como o de agressividade por exemplo. Na razão direta da idade, quanto mais nova seja a criança, mais fácil dá para perceber e começar o processo de correção, pois, à medida que ela convive com o adulto aprende a tentar camuflar tendências, impulsos, emoções e sentimentos que não são bem--vistos pela sociedade.

Anotar é básico

Anotar as observações é fundamental para que se planeje uma ajuda eficaz. Vale sempre lembrar que palavras e exemplos tanto podem ajudar quanto atrapalhar (palavras ditas em momentos inoportunos, ou não seguidas da necessária exemplificação...).

As oportunidades são preciosas

É preciso vigiar de forma contínua e cuidadosa para que as oportunidades naturais de educação do espírito não sejam desperdiçadas uma atrás da outra. Pois, a forma como elas são aproveitadas determina a resolução, a persistência ou até a fixação do problema de personalidade que o espírito já trouxe; a educação pode resolver o problema, manter o sujeito na mesma ou agravar o problema.

A correção é simples

Qualquer pessoa pode participar da reforma natural que a vida promove em cada espírito. E muitos o fazem sem perceber servindo apenas de ferramenta ou de escândalo para o defeito do outro.

Exemplos: O apressado deve ser sempre o último a ser atendido, para o glutão sempre o menor pedaço, o agressivo sempre deve ser colocado junto aos mais fortes do que ele, o mentiroso sempre deve ter suas afirmativas checadas para que seja desmascarado, etc.

Cuidado sempre com a técnica de colocar panos quentes nas situações. E, se o adulto começar a sentir algum prazer mórbido em auxiliar a natureza, funcionando como remédio para corrigir a personalidade do outro, está na hora de rever sua própria reforma íntima (como disse o Mestre Jesus: os escândalos ainda são necessários, mas, coitado daquele que sirva de escândalo para melhorar os outros).

Responsabilidade progressiva:

É possível criar situações para solucionar problemas

Não há nenhum tipo de fuga do progresso. Todos sem exceção vamos aprender a dominar todo tipo possível de experiências no Planeta. Tapar o sol com a peneira, bancar o avestruz nunca funcionou nem vai funcionar.

Imaginemos uma criança dependente, grudada na saia da mãe (muitas vezes esses espíritos funcionam em uma relação obsessiva como simbiose, parasitismo e até vampirismo um do outro) que se recusa a ir sozinha para qualquer lugar. Os pais não devem perder nenhuma oportunidade de mandá-la inicialmente para lugares prazerosos junto com outras crianças ou parentes até que essa relação se modifique.

Muitas vezes o problema nem é maior na criança, mas sim na mãe possessiva e controladora (no pai é mais raro).

Em outro exemplo, a criança mentirosa deve ter suas afirmativas e colocações sempre checadas até que demonstre estar em parceria com a verdade. Não existem fases de mentira na infância. Fantasia e mentira são coisas diferentes. É possível a um espírito ser fantasioso e mentiroso. A mentira pode ser aprendida com os adultos que nem percebem mais quando falam a verdade e quando mentem ou pode ser um forte impulso do espírito da criança.

Crianças da Geração Nova

As que mais necessitam ser Evangelizadas antes do berço:

A cada dia cresce o número de crianças, aparentemente, folgadas, chatas, malcriadas e sem limites. Fortes nas convicções. Com uma prontidão fantástica para aprender. Menos sujeitas ao domínio através do medo. Muito bem-informadas. Mas, mal-educadas em casas, sem regras, ou quando as têm elas nunca são cumpridas com inteligência, lógica e justiça.

A vida em família está mal gerenciada; e a maior parte delas é obsoleta para os atuais dias de transição; daí a falência em larga escala.

A "piora do mundo" é aparente; as crianças parecem fora de controle apenas porque não nos preparamos para receber as da Geração Nova como está posto no livro *A Gênese* de Allan Kardec. Nesta fase de transição do Planeta os espíritos das gerações antigas estão misturados aos da Nova Geração, que estão chegando a grande número (recomendamos a leitura).

Estou muito otimista com relação ao nosso futuro e ao do Planeta.

Para mim essas crianças são a vitrine da rápida transformação em andamento, para melhor, muito melhor.

Beleza é fundamental, elas são muito mais belas do que as da geração antiga; daqui a alguns anos, com as devidas ressalvas, apenas teremos aqui pessoas bonitas. Seu potencial de inteligência é muito superior (nesse quesito, costumo dizer que elas têm uma inteligência digital e a maior parte dos adultos ainda a tem analógica). Claro que isso trará uma fase difícil para ser atravessada, pois essas crianças recebem uma herança em que predomina o "mal"; nem mais percebido de tão normal que se tornou.

Uma das qualidades mais interessantes desses espíritos é a determinação: ou são muito bons ou são muito maus – longe de ser problema essa atitude é solução – eles são parecidos com o Saulo que se transformou em Paulo ou com a Maria de Magdala que se transmutou em Maria Madalena – são fortes nas convicções e nas atitudes. Interessante que os pais leiam o que Jesus colocou a respeito do que vai acontecer aos mornos (os nem muito bons nem muito maus) – é para assustar mesmo.

Pais e filhos se entendem cada vez menos e ninguém tem tempo para ninguém.

O que gera as crises de relacionamentos e o abismo entre gerações?

Ficam no ar as perguntas:

O que seria ideal fazer?

E o que pode ser feito para resolver ou atenuar esse problema?

As crianças da Geração Nova necessitam de mais cuidado e atenção, pois as chances de que sua existência seja desperdiçada são muito maiores.

Estresse Crônico – A Criança em Perigo

Atualmente repetem-se diariamente as notícias sobre evasão escolar causada pelo cansaço, pelo estresse e pela doença; aumenta a cada dia a violência nas escolas e a delinquência juvenil; nunca houve tanto consumo de drogas, bebidas, fumo, gravidez e aborto na adolescência; luta entre gangues rivais; e já é comum a depressão, o pânico e o suicídio de crianças e adolescentes.

Um fator de desequilíbrio para a saúde física, mental e emocional das crianças e jovens, é que hoje as mudanças são muito rápidas e as gerações anteriores não são capazes de acompanhar o alucinante ritmo de transformações; muitos estão defasados vivendo no antigamente, em momentos que já se foram. Angustiam-se, deprimem-se, amedrontam-se e ensinam as crianças a reagir dessa inadequada maneira. É comum que crianças angustiadas, deprimidas, em pânico tenham em casa bons professores nessas matérias.

A cada ano mais e mais pessoas são atendidas pelo serviço de saúde e a cada dia a indústria de medicamentos bate recordes de produção e de vendas, esse fato, longe de ser um indicativo de melhor qualidade de vida, indica que a sociedade está cada vez mais doentia, carente de raciocínio crítico. Parece um paradoxo, mas, curiosamente, também as crianças e adolescentes de hoje adoecem mais do que antigamente. Se as condições de vida orgânica estão melhores, por outro lado, por enquanto, piora a cada instante a condição de vida psíquica, emocional e afetiva; já que a maioria não encontrará sustentação ética e moral entre os adultos maus; daí estará mal adaptada a este momento de imediatismo, pressa e estresse crônico.

Escolarização Precoce

Inevitável no mundo atual que algumas crianças passem a frequentar a escola já de berço. Nela as regras e a rotina diferem das regras e da rotina da vida em família à noite, nos fins de semana e nas férias.

Na escola certas regras são rígidas e mais ou menos cumpridas pelo simples fato da falta de mais envolvimento emocional entre a criança e os funcionários. Na escola lei é lei, horário é horário...

Em casa tudo muda, o envolvimento emocional detona com as regras. Principalmente a culpa que alguns pais sentem em deixar a criança na escola em período integral ou meio-período; acaba de derrubar todas as possíveis regras que havia na rotina da vida em família.

A diferença de rotina, limites e regras cumpridas ou não, com certeza vai gerar conflitos psicológicos. A formação de bons hábitos exige regras adequadas. Um dos estragos é na formação dos hábitos alimentares, um dos mais interessantes recursos pedagógicos para a evolução dos espíritos. Mas, o problema mais sério são as doenças recorrentes: muitas crianças adoecem no início da vida escolar, apenas para não precisar ir à escola e não, como a maioria imagina, pelo simples contato e intercâmbio de agentes patogênicos.

Solução?

É evidente que soluções definitivas não as há, pois cada situação é particularizada, no entanto o problema pode ser atenuado. É preciso que os pais escolham uma escola que se ajuste mais aos seus hábitos, que conheçam a rotina e as regras da escola para que possam adaptar as da família, evitando muitos conflitos.

É preciso trabalhar o sentimento de culpa para que as regras não sejam quebradas pelos próprios pais segundo seu estado de humor. Importa mais a qualidade do tempo que se fica com a criança do que ele em si – e acima de tudo: a criança só não vai à escola se o problema exigir cuidados intensivos.

Pequenos Descuidos – Grandes Problemas:

O que é ser um bom pai?

O que é ser uma boa mãe?

Quais as qualidades de um bom pai?

E de uma boa mãe?

E, o que é ser um bom filho?

Quantos de nós que hoje nos achamos bons pais e mães e até bons educadores, constataremos, dia menos dia, nossa falta de qualidade para essa tarefa. Quando pensamos estar ajudando, atrapalhamos; quando imaginamos evitar sofrimento, criamos o sofrer futuro... Exemplo: pais que fazem trabalhos ou a tarefa de casa dos filhos, isso se constitui em grave crime evolutivo, pois, jamais, alguém pode fazer a tarefa do outro, isso é impedir o aprendizado, tornar o futuro mais complicado.

Viver é estar permanentemente se educando.

A vida em si é um fato educativo.

A principal tarefa dos pais com relação aos filhos é com certeza ajudar ativa e efetivamente a educá-los para a vida, para a evolução espiritual acima de tudo.

Nosso melhor padrão de qualidade como pais e mães virá do nosso progresso pessoal, da nossa reforma íntima, do alinhar nossos objetivos de vida às leis naturais de evolução.

Que falta conteúdo na educação todo mundo concorda.

Que as técnicas usadas para educar são arcaicas e obsoletas; disso ninguém duvida.

Tipo: faça o que eu digo, mas não o que eu faço.

Recursos pedagógicos como: medo, mentiras, chantagens, tentativa de controle, toma lá dá cá, não mais funcionam, antes até que dava para tapear, hoje não dá mais.

Relação Obsessiva

Quando recebemos um espírito para encaminhar na vida é comum que nos sintamos donos dele; quanto mais obsessivo seja esse sentimento de posse, mais imaginamos que seja amor.

O verbo amar já foi conjugado de todas as formas possíveis e imagináveis.

Quantas vezes ouvimos as expressões: amor verdadeiro amor falso. Eu te amo de verdade! Você me ama de verdade? Será possível amar de mentira? O que seria amor verdadeiro? O que seria amor falso? A maioria dirá que o amor verdadeiro é aquele amor sincero e desinteressado. Isso pode ser correto quando se trata de falar de amor, no entanto, amar é diferente de falar de amor.

O amor é: Sentimento? Emoção? Atitude? Carinho? Afago? Energia? O amor pode ser qualificado? Há amor de boa e má qualidade? Pessoas de má qualidade íntima são capazes de amar?

O amor já deve ser percebido, sentido e expresso como a energia da vida. Como uma expressão harmoniosa do conjunto pensar, sentir e agir que nos caracteriza. A energia irradiada nessa condição de emoção intensa afeta além do agente emissor aquele a quem essa energia é direcionada. Tanto pode curar, harmonizar, como adoecer.

Amar é libertar.

A importância desse tema é digna de nota. Na minha experiência profissional atendo famílias cujas crianças adoecem mais do que as outras e demoram mais tempo a se curar, pois alguém da família mantém uma relação de apego intenso à criança, e medo da perda do objeto do seu amor.

As experiências do cientista japonês Masaru Emoto submetendo a água às mais diferentes condições de energia são esclarecedoras. Dentre os muitos casos desse tipo com que já me defrontei, um foi bem marcante: uma menina não saia do consultório, sempre doente; sua mãe tinha uma relação desse tipo com ela; daí o casal se desentendeu, o marido arrumou outra e se mudou para longe; a senhora tirou o foco da menina e colocou no marido; nunca mais a pequena adoeceu. Recomendo conhecer suas experiências, pois setenta por cento de nosso corpo é água – e se a energia gerada pelo pensar é capaz de afetar a estrutura eletrônica dela – O que não somos capazes de gerar no nosso corpo e no dos outros? – Mais um foco de aplicação do conselho de Jesus: *Vigia e ora*.

Mediunidade na Infância

Estamos vivendo um momento de acelerada transição capaz de alterar nossa "grade energética" e as ligações entre o corpo físico e o perispírito facilitando a interligação desta dimensão com o plano espiritual. Emmanuel, o mentor de Francisco C. Xavier, denominava essa faculdade de **mediunismo** (mediunidade não consciente) muito comum na infância, nos idosos e nos doentes terminais.

A cada dia as crianças trazem esse potencial mais acentuado; o que pode favorecer processos obsessivos e sintomas estranhos, muitas vezes medicados com remédios, o que só vai agravar o problema.

Quando a criança relatar algo desse tipo, é preciso conversar com ela para tentar diagnosticar uma possível situação de **mediunismo** e buscar ajuda.

Nunca os cuidados com a qualidade das energias que predominam no ambiente do lar foi tão importante; hoje devem ser redobrados. **O Evangelho no Lar** torna-se uma ferramenta cada vez mais necessária à sanidade de todos, em especial das crianças.

Conclusão

E se descobrir a reforma íntima ativa depois de adulto?

Meus filhos já são grandes, como mudá-los?

Meus familiares nunca me deram problemas, mesmo assim devo encaminhá-los à reforma íntima ativa?

Estas e muitas outras indagações e dúvidas podem ser respondidas com clareza e facilidade quando se sabe quem somos nós e o que fazemos aqui. A verdadeira reforma só pode começar com o conhecimento e a prática da verdade.

Todos os espíritos encarnados e desencarnados que se encontram junto à crosta necessitam de reforma íntima ativa.

Nessa tarefa tanto podemos nos ajudar uns aos outros quanto atrapalhar. Acertar não é impossível nem difícil.

Na dúvida sobre o que fazer, basta apenas trabalhar sem cessar na reforma de nós próprios. E quando progredimos calados, sem alarde, ajudamos os espíritos que conosco compartilham a existência a também progredirem com mais eficiência. Na tentativa de participar da reforma ativa de nossos familiares, nunca devemos esquecer o respeito, pois cada um tem o direito de fazê-lo no seu ritmo e da sua maneira, sem imposições, humilhações, nem críticas.

Quando se trata da relação pais e filhos, não sejamos daqueles que se especializam em criticar, recriminar, ditar os demais, o que eles mesmos não fazem e nem querem fazer. Algumas pessoas são mestras em arrumar serviço para os outros e reclamar das suas mínimas tarefas de vida, o tempo todo.

Que fique também muito claro que remédio não educa ninguém, muito menos faz a reforma dos espíritos. Podem servir de excelentes ferramentas desde que usados com inteligência e parcimônia, o que ainda é muito raro. E, os que interferem na personalidade do espírito são perigosos para o progresso quando não há uma planejada, firme e inteligente disposição de mudança. No mínimo retardam o trabalho de mudança colaborando também para o desperdício das naturais oportunidades que surgem.

A fase mais produtiva na reforma íntima dos espíritos é aquela em que o subconsciente predomina de forma quase absoluta e que vai da concepção aos três anos de idade. Cada fase na vida da criança permite ações profundas e definitivas na bagagem do espírito quando efetuadas de forma planejada e sistemática.

Não importa em que idade a reforma íntima ativa, planejada e sistemática tenha início, pois somos espíritos eternos e as chances de progredir são intermitentes e eternas em todos os planos da vida. Se eu despertei e iniciei a reforma alguns dias antes de desencarnar eu já lucrei muito, pois meu espírito ganhou alguns dias e alguma mudança na sua trajetória evolutiva.

Não é preciso que interpretemos qualquer situação como sofrimento ou problema para iniciarmos o progresso. Somos capazes de antever e de planejar e, como diz o ditado, é sempre melhor prevenir do que remediar.

Falar mais acerca de reforma sistemática e planejada para aqueles que já conhecem e praticam as leis de progresso "é chover no molhado".

Esperamos ter contribuído para lembrar ao leitor que quem está sendo educado como nossos filhos são espíritos, companheiros de jornada tão antigos e necessitados quanto nós. Apenas, desta vez, estamos na posição de responsáveis por encaminhá-los na tarefa de vida que vamos compartilhar. Somos seus mentores encarnados. E podemos nos sair muito bem na empreitada, basta apenas que recordemos exaustivamente o singelo roteiro: **Vigia e ora. Faze ao outro o que gostarias para ti mesmo. Respeita e cuida daqueles que a vida colocou em teu caminho. Perdoa e pede perdão com teus atos sem cessar. Ama e busca sempre instrução.**

As crianças da Geração Nova estão chegando a grande número, algumas delas têm mais a ensinar do que a aprender, pois são espíritos que trazem mais talentos do que carências.

Sejamos humildes e compartilhemos nossa reeducação com a delas:

– Filho, se fosse você estivesse nesta situação, o que você faria?

A resposta costuma ser estonteante de tão simples, prática, direta e inteligente.

Na atualidade tudo flui muito rápido.

Estamos à disposição dos leitores nos blogs:

http://americocanhoto.blogspot.com

http://areformaintimacomecanoberco.blogspot.

http://propostadetransformacaointerior.blogspot.com

Paz e luz.

O autor

Agradecimento Final

Obrigado pela paciência de ler até o fim as ideias que nos foram, de alguma forma, transmitidas uns aos outros.

Caso a leitura tenha sido útil, obrigado por espalhar a notícia de que seja possível transformar o mundo, ao nos transformarmos uns aos outros com nossos exemplos, nos baseando nos ensinamentos do Mestre Jesus e nos daqueles que abraçaram a causa da libertação da Humanidade.

Precisamos nos livrar da cultura de só espalhar o mal, a crítica, o pessimismo, o desalento.

Discuta com outras pessoas os conceitos e os valores com os quais não concorda, busque outras formas de ver as leis da vida.

Cada um de nós tem um papel a cumprir na divulgação do bem: uns escrevem o que lhes dita a tarefa, outros produzem, outros divulgam.

Nenhum dinheiro do mundo usado na mídia e no marketing será capaz de superar o leitor que sintoniza com o que lê e espalha a notícia, boca a boca, ouvido a ouvido, mente a mente.

A todos que participaram desta tarefa, enviamos um demorado abraço e um beijo.

Recolha-se na sua intimidade e sinta-o.

Referência Bibliográfica

FRANCO, Divaldo Pereira. *O Homem Integral*. Pelo Espírito Joanna de Ângelis.

KARDEC, Allan. *O Céu e o Inferno*.

____. *O Evangelho Segundo o Espiritismo*.

____. *O Livro dos Espíritos*.

____. *Obras Póstumas*.

XAVIER, Francisco Cândido. *Evolução em dois mundos*. Pelo Espírito André Luiz. Rio de Janeiro: FEB.

____. *Libertação*. Pelo Espírito André Luiz. Rio de Janeiro: FEB.

____. *Justiça Divina*. Pelo Espírito Emmanuel. Rio de Janeiro: FEB, 2008.